U0675889

电力营销现场作业安全管理
及典型应用

国网冀北电力有限公司营销部　组编

中国电力出版社
CHINA ELECTRIC POWER PRESS

图书在版编目（CIP）数据

电力营销现场作业安全管理及典型应用/国网冀北电力有限公司营销部组编. —北京：中国电力出版社，2023.9（2024.3重印）

ISBN 978-7-5198-8027-9

Ⅰ. ①电…　Ⅱ. ①国…　Ⅲ. ①电力工业－市场营销学－安全管理　Ⅳ. ①F407.615

中国国家版本馆 CIP 数据核字（2023）第 142919 号

出版发行：中国电力出版社

地　　址：北京市东城区北京站西街 19 号（邮政编码 100005）

网　　址：http://www.cepp.sgcc.com.cn

责任编辑：丁　钊（010-63412393）

责任校对：黄　蓓　王小鹏

装帧设计：王红柳

责任印制：杨晓东

印　　刷：北京锦鸿盛世印刷科技有限公司

版　　次：2023 年 9 月第一版

印　　次：2024 年 3 月北京第三次印刷

开　　本：710 毫米×1000 毫米　16 开本

印　　张：11

字　　数：187 千字

定　　价：58.00 元

版 权 专 有　侵 权 必 究

本书如有印装质量问题，我社营销中心负责退换

《电力营销现场作业安全管理及典型应用》
编 委 会

主　　任	黄　磊	杜新纲			
副 主 任	霍大伟	梁继清	周铁生	马鲁晋	李　颖	易忠林
	汪　鸿	焦东翔	葛得辉	周　晖	彭楚宁	
编　　委	孙贝贝	岳　虎	薄　博	杨东升	杨晓波	余安国
	韩硕辰	姜振宇	高　帅	巨汉基	刘　岩	陈习文
	黄吉涛	李　鹏	邓志远	陈晓刚	顾剑锋	赵树志
	岳振宇	段丽荣	张　庚	石碧炜	齐火箭	王晓明
	刘　洋	周树刚	曾　建	邓统轩	宋　轶	刘　铁
	李晓辉	周凤华	曹敬立	徐　斌	李　蒙	冯　婧
	杨晓军	方　圆	白东升	马　驰		
主　　编	杨大晟	刘晓天				
编写人员	李志轩	王旭枫	妙红英	王艳芹	赵白兰	杨　超
	肖振铎	李　超	武　凯	黄伟光	金　淼	任　帅
	燕　凯	郭　磊	檀　政	毕超然	戚成飞	张宇驰
	郭青松	王开建	马福山	谢　凯	郭　贞	王国昌
	李　明	祁子靖	陈　通	刘秀春	韩雅坤	宋凯强
	祁子豪	刘华宾	常牧涵	赵海初	武文明	贾祎轲
	魏学鹏	王睿智	朱亚云	陈　朔	檀　舒	梁金洋
审核人员	陈习文	黄吉涛	杨　坡	刘　岩	王玉君	薛一鸣
	谭　晨	董文略	杨新宇	胡卫东	熊　超	周辛南

安全是一切工作的前提和底线，安全生产是企业的重中之重。电网企业作为特大型重点骨干央企，安全生产工作更是具有极端重要性。电网企业的安全生产经过多年持续的发展，已经具有了成熟的管理体系、健全的管理制度和较高的管理水平。电网企业传统意义上的安全生产主要针对电网的建设和运维，涉及基建、运检等专业，对营销专业涉及不多。

近年来，随着电力体制改革的深入推进和电网企业服务能力的不断提高，电力营销业务得到快速发展。电力营销业务和客户接触紧密，具有大量现场作业，安全问题不容忽视。电力营销现场作业是指由电力营销服务人员进行的电能计量、营业业扩、智能用电、综合能源服务、电能替代、负荷控制、用电检查等营销专业现场工作。电力营销现场作业具有"现场散杂小、临时作业多、新型业务广、管控难度大"的特点，安全风险隐患较多。由于与传统的电网建设运维等生产作业现场相比差异较大，没有成熟的安全管理经验可供借鉴。

为了做好电力营销现场作业安全管理工作，国网冀北电力有限公司营销部组织营销专家团队，依据国家电网有限公司和国网冀北电力有限公司有关文件，结合多年来在电力营销现场作业中积累的丰富实践经验，编写了本书。

本书立足电力营销现场作业实际，致力于构建电力营销现场作业安全管理体系，解决电力营销现场作业安全管理和现场实际工作中遇到的各类问题，内容包括电力营销现场作业安全管理体系建设和安全管理应用实例。安全管理体系建设涵盖电力营销现场作业安全管理的工作职责、组织措施、技术措施、保障措施、计划管理、风险辨识、队伍建设、现场管控、平台应用、安全督查、到岗到位、隐患排查、考核评价等，内容全面完整、架构科学合理；安全管理应用实例精选营销专业最常见、最具代表性的一系列作业场景，以具体业务为载体，详述安全管理的内容，业务内容描述较为简略，重在阐述安全管理要求和措施如何落地。

本书内容翔实、图文并茂、针对性强、实用性好，可为电网企业广大营销专业从事现场作业的管理人员和作业人员做好安全生产工作提供指导，也可为从事电力营销相关工作的人员提供参考。

目录

第一部分 | 国网冀北电力有限公司
Part 1 | 营销现场作业安全管理规范

第一章　总　　则

第一条　为建立国网冀北电力有限公司（以下简称"公司"）营销现场作业安全管理工作体系，明确相关工作职责，规范工作内容、流程及标准，依据《国家电网有限公司营销现场作业安全工作规程（试行）》（以下简称"营销安规"）《国家电网有限公司营销专业标准化作业指导书》（以下简称"营销作业指导书"）《国家电网有限公司作业安全风险管控工作规定》等有关规定，制定本规范。

第二条　本规范中的营销现场作业，是指由营销服务人员进行的电能计量、营业业扩、智能用电、综合能源服务、电能替代、负荷控制、用电检查等营销专业现场工作。

第三条　营销现场作业安全管理工作坚持"安全第一、预防为主、综合治理"的方针，针对营销现场作业"现场散杂小、临时作业多、新型业务广、管控难度大"的特点，建立"源头防控为导向，队伍建设为基础，线上线下为手段，闭环监督为保障"的营销现场作业安全管理体系，分类施策、精准管控，实现计划、队伍、人员、现场"四个管住"。

第四条　本规范涵盖了营销现场作业安全管理的工作职责、组织措施、技术措施、保障措施、计划管理、风险辨识、队伍建设、现场管控、平台应用、安全督查、到岗到位、隐患排查、考核评价等内容及要求，为开展营销现场作业安全管理工作提供了业务指导和工作标准。

第五条　营销现场作业安全管理工作应坚持"管业务必须管安全"的原则，严格落实"一岗双责"，确保安全管理要求贯彻到位、安全管理责任执行到位，切实加强营销现场作业的安全管控。

第六条　本规范适用于公司和所属地市公司、区（县）公司及供电所（班组）。

第二章 管 理 职 责

第七条 公司营销部是公司营销现场作业安全管理的归口部门，主要负责以下工作：

（1）负责贯彻落实国网公司关于营销现场作业安全管理工作的各项要求。

（2）负责建设公司营销现场作业安全管理体系，建立相关制度、标准、规范，下达工作方案、任务、指标，负责指导地市公司、区（县）公司逐级建设营销现场作业安全管理体系。

（3）负责组织开展公司营销现场作业安全管理相关调研、督导工作。

（4）负责组织开展公司营销现场作业安全教育培训及普调考、竞赛比武等工作。负责组建及管理公司营销现场作业安全的作业队伍、督查队伍、专家队伍。

（5）负责制订公司营销现场作业安全管理评价考核办法，组织开展相关工作，发布考评结果。

（6）部门内部职责分工为：计量处负责牵头组织公司营销现场作业安全管理工作，并负责管理电能计量等专业的营销现场作业安全；营业处负责管理营业业扩等专业的营销现场作业安全；市场处负责管理智能用电、综合能源服务、电能替代、负荷控制等专业的营销现场作业安全；质量处负责管理用电检查等专业的营销现场作业安全。

第八条 营销服务中心是公司营销现场作业安全管理的支撑机构，履行以下职责：

（1）负责完成公司部署的营销现场作业安全管理相关材料及报表的汇总和统计分析工作。

（2）负责完成公司部署的营销现场作业线上督查工作，参加公司组织的"四不两直"等形式的营销现场作业安全督查工作。

（3）负责公司营销线上化作业平台建设及运维管理等工作。

（4）负责完成公司部署的其他营销现场作业安全管理相关工作。

第九条 公司安监部负责督导公司营销现场作业安全管理工作，对工作成效进行检查与评价。负责营销"三种人"（工作负责人、工作签发人、工作许可人）认定的管理工作。负责监督和指导各单位开展营销现场安全准入工作。

第十条 地市公司营销部是地市公司营销现场作业安全管理的归口部门，

主要负责以下工作：

（1）负责设立营销安全管理岗位，贯彻落实上级公司关于营销现场作业安全管理工作的各项要求。

（2）负责建设地市公司营销现场作业安全管理体系，建立相关制度、标准、规范，下达工作方案、任务、指标。负责指导区（县）公司建设营销现场作业安全管理体系。

（3）负责组织开展地市公司营销现场作业安全管理相关调研、督导工作。

（4）负责组织开展地市公司营销现场作业安全教育培训及普调考、竞赛比武等工作。负责组建及管理地市公司营销现场作业安全的作业队伍、督查队伍、专家队伍。

（5）负责制订地市公司营销现场作业安全管理评价考核办法，组织开展相关工作，发布考评结果。

第十一条 地市公司计量中心、市场拓展中心、电费账务中心分别设立营销安全管理岗位，负责配合地市公司营销部开展营销现场作业安全管理工作；负责分管的电能计量、营业业扩、智能用电、综合能源、电能替代、负荷控制、用电检查等专业的营销现场作业安全管理。

第十二条 地市公司安监部负责督导地市公司营销现场作业安全管理工作，对工作成效进行检查与评价。负责地市公司营销"三种人"的认定工作。负责区（县）公司营销现场作业外包队伍的安全准入管理。

第十三条 区（县）公司营销部是区（县）公司营销现场作业安全管理的归口部门，主要负责以下工作：

（1）负责设立营销安全管理岗位，贯彻落实上级公司关于营销现场作业安全管理工作的要求。

（2）负责建设区（县）公司营销现场作业安全管理体系，建立相关制度、标准、规范，下达工作方案、任务、指标。

（3）负责组织开展区（县）公司营销现场作业安全管理相关调研、督导工作。

（4）负责组织开展区（县）公司营销现场作业安全教育培训及普调考、竞赛比武等工作。负责组建及管理区（县）公司营销现场作业安全的作业队伍、督查队伍、专家队伍。

（5）负责制订区（县）公司营销现场作业安全管理评价考核办法，组织开展相关工作，发布考评结果。

（6）负责区（县）公司的电能计量、营业业扩、智能用电、综合能源、电能替代、负荷控制、用电检查等专业的营销现场作业安全管理。

第十四条 区（县）公司安监部负责督导区（县）公司营销现场作业安全管理工作，对工作成效进行检查与评价。负责区（县）公司营销"三种人"的认定工作。负责区（县）公司营销现场作业外包队伍的准入管理。

第十五条 供电所（班组）设专人负责营销现场作业安全管理工作，负责贯彻落实上级公司关于营销现场作业安全管理工作的要求；负责制订营销现场作业计划，开展营销现场作业勘查、风险辨识与评估、工作票执行、班前（后）会、安全交底、作业监护等安全管控工作；负责开展岗位相关风险警示教育、营销现场作业安全培训。

第三章 安全组织措施

第十六条 营销现场作业的安全组织措施包括现场勘查制度、工作票制度、工作许可制度、工作间断和转移制度、工作终结制度。

第十七条 现场勘查制度

（1）现场勘查作业项目。包括涉及多专业、多单位、多班组的大型复杂作业和其他有必要现场勘查的作业。

（2）现场勘查组织。现场勘查由工作票签发人或工作负责人组织，应在编制填写工作票前完成。现场勘查人员应"两穿一戴"（穿全棉长袖工作服，穿绝缘鞋，戴安全帽）。开工前，工作负责人或工作票签发人应重新核对现场勘查情况，发现与原勘查情况有变化时，应及时修正、完善相应的安全措施。

（3）现场勘查主要内容。现场勘查应查看现场作业需要停电的范围、保留的带电部位、装设接地线的位置、邻近线路、多电源、自备电源、地下管线设施和作业现场的条件、环境及其他影响作业的危险点，并提出针对性的安全措施和注意事项。

（4）现场勘查记录。现场勘查记录宜采用文字、图示或影像相结合的方式，记录内容包括工作地点需停电的范围、保留的带电部位、作业现场的条件、环境及其他危险点、应采取的安全措施、附图与说明（详见附件1）。现场勘查记录由工作负责人收执，勘查记录同工作票一起至少保存一年。

第十八条 工作票制度

详见第四章。

第十九条 工作许可制度

（1）现场履行工作许可前，工作许可人同工作负责人检查现场安全措施布置情况，指明实际的隔离措施、带电设备的位置和注意事项，证明检修设备确无电压，并在工作票上分别签字确认。电话许可时由工作许可人和工作负责人分别记录双方姓名，并复诵核对无误。

（2）所有许可手续（许可人姓名、许可方式、许可时间等）均应记录在工作票上。若需其他单位配合停电的作业应履行书面许可手续。

（3）客户侧营销现场作业时，应执行工作票"双许可"制度。高压客户方许可人由客户具备资质的电气工作人员担任，也可由客户委托承装（修、试）客户设备的施工方具备资质的电气人员担任。客户侧用电检查（反窃查违）现场作业可不执行"双许可"制度,由供电方许可人许可后,即可开展客户侧用电检查(反窃查违)相关工作。

第二十条　工作监护制度

(1) 工作票签发人或工作负责人对有触电危险、施工复杂容易发生事故等作业,应增设专责监护人,确定被监护的人员和监护范围。专责监护人应佩戴明显标识,始终在工作现场,及时纠正不安全的行为。

(2) 专责监护人不得兼做其他工作,监护人临时离开时,应通知被监护人员停止工作或离开工作现场,待监护人回来后方可恢复工作。若监护人必须长时间离开工作现场时,应由工作负责人变更监护人,履行变更手续,并告知全体被监护人员。

第二十一条　工作间断和转移制度

(1) 工作间断时,若工作班离开工作地点,应采取措施或派人看守,不让人、畜接近工作地点。间断后继续工作,若无工作负责人或专责监护人带领,作业人员不得进入工作地点。

(2) 若接地线保留不变,恢复工作前应检查确认接地线完好;若接地线拆除,恢复工作前应重新验电,装设接地线。

(3) 若工作票所列的停电、接地等安全措施随工作地点转移,则每次转移均应分别履行工作许可、终结手续,依次记录在工作票上,并填写使用的接地线编号、装拆时间、位置等随工作地点转移情况。

第二十二条　工作终结制度

(1) 工作结束后,工作班应清扫、整理现场。工作负责人应先周密检查,待全体作业人员撤离工作地点后,方可履行工作终结手续。执行工作票"双许可"的工作,应由双方许可人均办理工作终结手续后,方可视为工作终结。

(2) 工作许可人在接到所有工作负责人(含客户方工作负责人)的终结报告,并确认所有工作已完毕,所有工作人员已撤离,所有接地线已拆除,与记录簿核对无误并做好记录后,方可下令拆除各侧安全措施。

(3) 工作终结报告应简明扼要,主要包括下列内容:工作负责人姓名,某作业现场(说明工作地点、内容等)工作已经完工,所修项目、试验结果、设备改动情况和存在问题等,工作地点已无本班组工作人员和遗留物。

第四章 工作票管理

第二十三条 营销现场作业涉及的工作票及相关记录是允许在电气设备及其相关场所进行工作的书面命令，也是明确安全职责，向工作人员进行安全交底，保障现场安全的重要组织措施。

第二十四条 营销现场作业涉及的工作票及相关记录内容应包括编号、工作地点、计划工作时间、工作许可时间、工作终结时间、停电范围和安全措施，以及工作票签发人、工作许可人、工作负责人和工作班成员等内容。工作票及相关记录的填写、使用及管理应严格按照营销安规及《国网冀北电力有限公司电气工作票管理规范（试行）》中的相关要求执行。

第二十五条 营销现场作业涉及的工作票及相关记录共分七种，分别为变电第一种工作票、变电第二种工作票、配电第一种工作票、配电第二种工作票、低压工作票、现场作业工作卡及其他书面记录或按电话命令执行（相关模板见附件2）。工作票及相关记录使用条件如下所示：

工作票及相关记录种类	使用条件	以下情况可使用同一张工作票
变电第一种工作票	在变电作业现场进行营销工作且符合以下条件之一时，应填用变电第一种工作票： （1）高压线路、设备上工作，需要全部停电或部分停电者。 （2）二次系统上的工作，需要将高压设备停电或做安全措施者。 （3）二次系统上的工作，需要将高压设备停电或做安全措施者	（1）同一变电站内，全部停电或属于同一电压等级、位于同一平面场所、同时停送电，工作中不会触及带电导体的几个电气连接部分上的工作。 （2）同一高压配电站、开关站内，全部停电或属于同一电压等级、同时停送电、工作中不会触及带电导体的几个电气连接部分上的工作
变电第二种工作票	在变电作业现场进行营销工作且符合以下条件之一时，应填用变电第二种工作票： （1）控制盘和低压配电盘、配电箱、电源干线上的工作。 （2）二次系统上的工作，无需将高压设备停电者或做安全措施者。 （3）大于附件3距离的相关场所和带电设备外壳上的工作以及无可能触及带电设备导电部分的工作	同一变电站内在几个电气连接部分上依次进行不停电的同一类型工作

续表

工作票及相关记录种类	使用条件	以下情况可使用同一张工作票
配电第一种工作票	在配电作业现场进行营销工作，需要将高压线路、设备停电或做安全措施者	（1）配电变压器及与其连接的高低压配电线路、设备上同时停电的工作。 （2）同一天在几处同类型高压配电站、开关站、箱式变电站、柱上变压器等配电设备上依次进行的同类型停电工作。同一张工作票多点工作，工作票上的工作地点、线路名称、设备双重名称、工作任务、安全措施应填写完整。不同工作地点的工作应分栏填写
配电第二种工作票	在配电作业现场进行营销工作，与邻近带电高压线路或设备的距离大于附件3规定，不需要将高压线路、设备停电或做安全措施者	（1）同一电压等级、同类型、相同安全措施且依次进行的不同配电工作地点上的不停电工作。 （2）同一高压配电站、开关站内，在几个电气连接部分上依次进行的同类型不停电工作
低压工作票	低压线路、设备（不含在发电厂、变电站内的低压设备）上工作，不需要将高压线路、设备停电或做安全措施者	对同一天、相同安全措施的多个低压营销作业现场的工作
现场作业工作卡	客户侧开展业扩报装、用电检查、分布式电源、充电设备检修（试验）、综合能源等相关工作，应填现场作业工作卡	—
使用其他书面记录或按口头电话命令执行	在开展不需要停电，不存在接触带电部位风险的抄表催费、客户现场安全检查、涂改编号等工作时，可不使用工作票或现场作业工作卡，但应以其他形式记录相应的操作和工作等内容，包括作业指导书（卡）、派工单、任务单、工作记录等。 按电话命令执行的工作应留有录音或书面派工记录。记录内容应包含指派人、工作人员（负责人）、工作任务、工作地点、派工时间、工作结束时间、安全措施（注意事项）及完成情况等内容	— —

　　第二十六条　营销现场作业涉及的工作票及相关记录在填写及使用过程中，按照以下要求执行。

序号	分类	相关要求
1	工作票填写	工作票由工作负责人填写，也可由工作票签发人填写
		工作票应填写规范，用计算机生成或打印的工作票应使用统一的票面格式。工作票的填写与签发提倡采用线上电子化的方式进行，电子化工作票的票面应清晰可见，工作票签发等相关手续应能够正常履行，其他填写要求与手工方式相同，逐步实现营销作业现场工作票线上化全覆盖

序号	分类	相关要求
2	工作票签发及签发人须知	工作票应由工作票签发人审核，手工或电子签发后方可执行
		电网侧营销现场作业，工作票由设备运维管理单位签发，也可由经设备运维管理单位审核合格且经批准的检修（施工）单位签发
		承、发包工程，工作票应实行"双签发"。签发工作票时，双方工作票签发人在工作票上分别签名，各自承担相应的安全责任
		确认工作必要性和安全性；确认工作票上所列安全措施正确完备；确认所派工作负责人和工作班成员适当、充足
3	相互兼任	一张工作票中，工作票签发人、工作许可人和工作负责人三者不得为同一人。若相互兼任，应具备相应的资质，并履行相应的安全责任。填用变电工作票时，工作许可人与工作负责人不得互相兼任。填用配电工作票或低压工作票时，工作许可人中只有现场工作许可人（作为工作班成员之一，进行该工作任务所需现场操作及做安全措施者）可与工作负责人相互兼任
4	配电工作任务单	配电工作票中一个工作负责人不能同时执行多张工作票。若一张工作票下设多个小组工作，工作负责人应指定每个小组的小组负责人（监护人），并使用配电工作任务单（见附件2）
5	工作负责人及工作许可人须知	工作负责人应提前知晓工作票内容，并做好工作准备。客户侧营销现场作业时，供电方作业人员应会同客户检查现场所做的安全措施，对具体的设备指明实际的隔离措施，证明检修设备确无电压
		工作许可时，工作票一份由工作负责人收执，其余留存工作票签发人或工作许可人处。工作期间，工作票应始终保留在工作负责人手中
		在原工作票的停电及安全措施范围内增加工作任务时，应由工作负责人征得工作票签发人和工作许可人同意，并在工作票上增填工作项目。若需变更或增设安全措施，应填用新的工作票，并重新履行签发、许可手续
		变更工作负责人或增加工作任务，若工作票签发人和工作许可人无法当面办理，应通过电话联系，并在工作票登记簿和工作票上注明
		工作负责人应检查工作票所列安全措施是否正确完备，是否符合现场实际条件，必要时予以补充完善；组织执行工作票所列由其负责的安全措施（含客户所做安全措施）
		工作许可人在审票时，确认工作票所列安全措施是否正确完备，对工作票所列内容产生疑问时，应向工作票签发人询问清楚，必要时予以补充
6	工作票送达及保存	第一种工作票，应在工作前一天送达设备运维管理单位（包括信息系统送达）；通过传真送达的工作票，其工作许可手续应待正式工作票送到后履行。第二种工作票、低压工作票可在进行工作的当天预先交给工作许可人
		已终结的工作票、现场勘查记录等至少应保存1年
7	工作票延期及有效期	办理工作票延期手续，应在工作票的有效期内，由工作负责人向工作许可人（运维负责人）提出申请，得到同意后给予办理；不需要办理许可手续的配电第二种工作票，由工作负责人向工作票签发人提出申请，得到同意后给予办理。工作票只能延期一次，延期手续应记录在工作票上。如需再延期的，应重新办理新的工作票
		工作票的有效期，以批准的计划工作时间为限。批准的计划工作时间为调度控制中心或设备运维管理单位批准的开工至完工时间

序号	分类	相关要求
8	发电厂侧等特殊场景作业	公司作业人员在归属客户产权的火电厂或新能源发电厂组织下参与营销现场作业工作且客户有独立的安全管理体系，工作人员可配合客户管理要求办理工作票等手续。公司作业人员参照本规范履行作业计划填报、工作票风险点及防范措施确认、参加作业前交底、拍照上传至营销线上化作业平台、风险点取证等流程

第二十七条 不同的营销现场作业场景应分别使用对应的工作票及相关记录（详见附件4）。

第二十八条 填写营销现场作业涉及的工作票及相关记录前，应对作业开展风险评估，编制"风险辨识与控制措施票"，作为工作票附件（详见附件5）。

（1）使用总、分工作票时，总工作票负责人、分工作票负责人应分别填写"风险辨识与控制措施票"。

（2）使用线路（配电）第一种工作票与工作任务单时，工作负责人和小组负责人应分别填写"风险辨识与控制措施票"。

（3）"风险辨识与控制措施票"填写要求："编号"与主票编号一致。"工作内容"与主票所填工作内容保持一致。应结合具体工作内容进行风险辨识，明确控制措施。全体工作人员应在票面相应位置签字，以示确知。

第五章 安全技术措施

第二十九条 营销现场作业的安全技术措施包括停电、验电、接地、悬挂标示牌和装设遮栏（围栏）。

第三十条 停电

营销现场作业中，相关线路和设备需要停电时应按照以下要求执行。

作业场景	相关要求
在高压配电室、箱式变电站、配电变压器台架上工作	不论线路是否停电，应先拉开低压侧断路器，后拉开低压侧隔离开关，再拉开高压侧跌落式熔断器或隔离开关（刀闸）
在低压配电线路和设备上的停电工作	应先拉开低压侧断路器，后拉开低压侧隔离开关
在低压公共区域（计量箱等）仅涉及个别设备、箱体内停电工作	应先断开负荷开关，再断开电源侧总开关

第三十一条 验电

营销现场停电作业，接地前应使用相应电压等级的接触式验电器或测电笔，在装设接地线或合接地开关处逐相分别验电。

（1）验电器应先在有电设备上试验，确认验电器良好后，再进行验电工作。雨雪天气室外设备宜采用间接验电，若直接验电，应使用雨雪型验电器，并戴绝缘手套。

（2）验电器的伸缩式绝缘棒长度应拉足，验电时手应握在手柄处不得超过护环，人体应与验电设备保持安全距离（详见附件3）。相关线路和设备验电时，应按照以下要求执行。

线路和设备类型	验电器种类	相关要求
室外低压配电线路和设备	宜使用声光验电器	低压线路和设备停电后，检修或装表接电等工作前，应在与停电检修部位或表计电气上直接相连的可验电部位验电
架空配电线路和高压配电设备	宜使用声光验电器	验电时应有人监护，无法在有电设备上试验时，可用工频高压发生器等确证验电器良好，高压验电时应戴绝缘手套

注 对无法直接验电的设备，应间接验电，通过设备的机械位置指示、电气指示、带电显示装置、仪表及各种遥测、遥信等信号变化来判断。

第三十二条 接地

当验明确已无电压后，应立即将检修的高压配电线路和设备接地并三相短路，电缆及电容器接地前应逐相充分放电，星形接线电容器的中性点应接地、串联电容器及与整组电容器脱离的电容器应逐个多次放电，装在绝缘支架上的电容器外壳也应放电。工作地段各端和工作地段内有可能反送电的各分支线都应接地。作业人员应在接地线的保护范围内作业。

（1）当验明检修的低压线路、设备确已无电压后，至少应采取以下措施之一防止反送电：

1）所有相线和中性线接地并短路。

2）绝缘遮蔽。

3）在断开点加锁，悬挂"禁止合闸，有人工作！"或"禁止合闸，线路有人工作！"的标识牌。

（2）成套接地线应用有透明护套的多股软铜线和专用线夹组成，接地线截面积应满足装设地点短路电流的要求且高压接地线的截面积不得小于 25mm^2，低压接地线截面积不得小于 16mm^2。

（3）装设接地线应先接接地端、后接导体端，拆除接地线的顺序与此相反。装、拆接地线应使用绝缘棒并戴绝缘手套，人体不得碰触接地线或未接地的导线，装设的接地线应接触良好、连接可靠，过程中应有人监护并做好记录，交接班时应交代清楚。

（4）对于因交叉跨越、平行或邻近带电线路、设备导致工作范围内设备产生感应电压时，应使用个人保安线。

第三十三条 悬挂标识牌和装设遮栏（围栏）

作业人员在进行电能计量、营业业扩、智能用电、综合能源服务、电能替代、负荷控制、用电检查等营销现场作业时，应按照以下要求悬挂标识牌和装设遮栏（围栏）。

序号	名称	现场情况及悬挂位置
1	"在此工作！"	在工作地点或检修的配电设备上悬挂
2	"禁止分闸！"	接地开关与检修设备之间连有断路器时，在断路器（开关）的操作处或机构箱门锁把手上悬挂
3	"止步，高压危险！"	（1）在工作地点两旁及对面运行设备间隔的遮栏（围栏）和禁止通行的过道遮栏（围栏）上悬挂。 （2）在工作地点有可能误登或误碰的邻近带电设备上悬挂。 （3）当高压开关柜内手车开关拉出后悬挂
4	"禁止合闸，有人工作！"	当一经合闸即可送电到工作地点，在断路器（开关）和隔离开关（刀闸）的操作处或机构箱门锁把手上及熔断器操作处悬挂
5	"禁止合闸，有人工作！"或"禁止合闸，线路有人工作！"	当低压开关（熔丝）拉开（取下）后悬挂

序号	名称	现场情况及悬挂位置
6	装设围栏	城区、人口密集区或交通道口和通行道路上施工时，工作场所周围应装设遮栏（围栏），并在相应部位装设警告标识牌。必要时，派人看管，禁止越过遮栏（围栏），禁止作业人员擅自移动或拆除遮栏（围栏）、标识牌

第六章 安全保障措施

第三十四条 营销现场作业安全管理的保障措施包括高处作业管理、电动工器具管理、安全工器具管理、营销服务场所消防安全管理。

第三十五条 高处作业管理

凡在坠落高度基准面 2m 及以上的高处进行的作业，都应视作高处作业。参加高处作业的人员应每年进行一次体检。高处作业的辅助设备、工器具及作业环境要求如下：

类别	相关要求
辅助设备	（1）高处作业应搭设脚手架，使用高空作业车、升降平台或采取其他防止坠落的措施。高处作业平台应处于稳定状态，作业人员应使用安全带。 （2）在屋顶及其他危险的边沿工作，临空一面应装设安全网或防护栏杆，否则，作业人员应使用安全带
工器具	（1）高处作业应使用工具袋。上下传递材料、工器具应使用绳索，禁止上下投掷。邻近带电线路、设备作业的，应使用绝缘绳索传递。 （2）较大的工具应用绳拴在牢固的构件上，工件、边角余料应放置在牢靠的地方或用铁丝扣牢并有防止坠落的措施，不准随便乱放，以防从高空坠落发生事故
作业环境	（1）低温或高温环境下的高处作业，应采取保暖或防暑降温措施，作业时间不宜过长。 （2）高处作业，除有关人员外，他人不得在工作地点的下面通行或逗留，工作地点下面应有遮栏（围栏）或装设其他保护装置

第三十六条 电动工器具管理。作业人员应了解电动工器具相关性能，熟悉其使用方法。现场使用的电动工器具应经检验合格。

（1）电动工器具的风险辨识。电动工器具的各种监测仪表以及制动器、限位器、安全阀、闭锁机构等安全装置应完好。电动工具在运行中不得进行检修或调整。禁止在运行中或未完全停止的情况下清扫、擦拭电动工器具的转动部分。

（2）电动工器具的使用和检查。电动工器具使用前，应检查确认电线、接地或接零完好，应检查确认金属外壳可靠接地。使用电动工器具，不得手提导线或转动部分。连接电动机械及电动工器具的电气回路应单独设开关或插座，并装设剩余电流动作保护装置，电动工器具应做到"一机一闸一保护"。

第三十七条 安全工器具管理

（1）作业人员应了解安全工器具相关性能，熟悉使用方法。安全工器具应经检验合格，统一编号、专人保管。入库、出库及使用前应检查，禁止使用损坏、变形、有故障等不合格的安全工器具。

（2）安全工器具使用和检查。安全工器具使用前，应检查确认绝缘部分无裂纹、无老化、无绝缘层脱落、无严重伤痕等现象以及固定连接部分无松动、无锈蚀、无断裂等现象，对其绝缘部分的外观有疑问时应经绝缘试验合格后方可使用，安全工器具的使用和检查要求如下：

序号	安全工器具	检查要求	使用要求
1	安全帽	应检查帽壳、帽衬、帽箍、顶衬、下颏带等附件完好无损	应将下颏带系好，防止工作中前倾后仰或其他原因造成滑落
2	绝缘手套	应检查有无粘连破损情况，检查气密性是否合格	应柔软、接缝少、紧密牢固，长度应超衣袖
3	绝缘操作杆、验电器和测量杆	应检查验电器的各部件均应无明显损伤，手柄与绝缘杆、绝缘杆与指示器的连接应紧密牢固。非雨雪型电容型验电器不得在雷、雨、雪等恶劣天气时使用	（1）允许使用电压应与设备电压等级相符。 （2）作业人员手不得越过护环或手持部分的界限，人体应与带电设备保持安全距离。 （3）雨天使用绝缘杆操作室外高压设备时，应穿绝缘靴，绝缘操作杆的绝缘部分应有防雨罩，罩的上口应与绝缘部分紧密结合，无渗漏现象
4	成套接地线	应检查接地线的两端夹具保证接地线与导体和接地装置都能接触良好、拆装方便，有足够的机械强度，并在大短路电流通过时不致松脱	使用前应检查确认完好，禁止使用绞线松股、断股、护套严重破损、夹具断裂松动的接地线
5	绝缘隔板和绝缘罩	应检查绝缘隔板和绝缘罩只允许在35kV及以下电压的电气设备上使用，并应有足够的绝缘和机械强度。绝缘隔板的厚度要求：10kV电压等级，不得小于3mm；35kV（20kV）电压等级，不得小于4mm	现场带电安放绝缘隔板及绝缘罩，应戴绝缘手套、使用绝缘操作杆，必要时可用绝缘绳索将其固定，使用前应擦净灰尘。若表面有轻度擦伤，应涂绝缘漆处理
6	脚扣和登高板	应检查脚扣和登高板金属部分是否变形和绳（带）是否损伤	特殊天气使用脚扣和登高板，应采取防滑措施

（3）安全工器具保管和试验。营销现场使用的安全工器具保管和试验应按以下要求执行：

类别	要求
安全工器具保管	（1）宜存放在温度为－15～＋35℃、相对湿度为80%以下、干燥通风的安全工器具室内。 （2）成套接地线宜存放在专用架上，架上的编号与接地线的编号应一致。 （3）绝缘隔板和绝缘罩应存放在室内干燥、离地面200mm以上的架上或专用的柜内

续表

类别	要求
安全工器具运输	安全工器具运输或存放在车辆上时，不得与酸、碱、油类和化学药品接触，并有防损伤和防绝缘性能破坏的措施
安全工器具试验	（1）安全工器具应进行国家规定的型式试验、出厂试验和使用中的周期性试验。 （2）安全工器具经试验合格后，应在不妨碍绝缘性能且醒目的部位牢固粘贴合格证或可追溯的唯一标识，并出具检测报告。 （3）安全工器具的电气试验和机械试验可由使用单位根据试验标准和周期进行，也可委托有资质的机构试验

第三十八条 营销服务场所消防安全管理

（1）对营业厅、计量库房、充换电站等营销服务场所，应建立岗位防火责任制，配齐消防设施，设置相应防火标志，落实专人负责管理，并按规定开展消防设施安全检查、火灾隐患整改以及消防应急预案编制、演练等工作。

（2）消防设施、器材配置与使用。营销服务场所应依据有关规定和技术标准配置必要的消防设施、器材，并按照"谁使用，谁负责"的原则加强管理。消防设施、器材配置与使用按照以下要求执行：

类别	相关要求
灭火器材选择要求	营销服务场所应装设火灾自动报警装置或固定灭火装置。 （1）干粉灭火器。用于扑灭有机溶剂等易燃液体、可燃气体和电气设备初期火灾。 （2）水基型灭火器。用于扑救电气设备、仪器仪表以及油类等初期火灾
消防设施、器材要求	消防设施、器材应建立台账，定期检查，记入相关记录放置在便于取用的位置并有明显标识
安全疏散相关要求	设置消防安全疏散指示标志和应急照明设施

（3）对在电网设备生产场所以及客户设备、场所进行的动火工作，应实行严格的消防安全管理。禁止在具有火灾、爆炸危险的场所使用明火；因特殊情况需要进行电、气焊等明火作业的，应严格按照营销安规有关规定执行。

（4）应当建立健全营销服务场所消防档案，内容包括：消防安全责任人、消防安全制度、消防设施与灭火器材情况、灭火和应急疏散预案、应急演练记录、火灾隐患及其整改情况记录、防火检查及巡查记录、消防安全培训记录等，根据情况变化及时更新。

（5）充换电站、计量库房、试验室、营业厅等处不得存放易燃、易爆物品，因施工需要放在设备区的易燃、易爆物品，应加强管理，并按规定要求使用，施工后立即运走。

（6）营销服务场所应根据消防法规的有关规定，组织或配合开展消防业务学习和灭火技能训练，提高预防和扑救火灾的能力。在供用电合同中应明确供用电双方应承担的消防安全责任。

第七章 典型作业场景安全要求

第三十九条 营销现场作业主要包括变电站、线路以及发电厂内作业，高压配电设备、线路作业，低压电气作业，客户侧现场作业四类典型作业场景。

（一）变电站、线路以及发电厂内作业的一般安全要求

（1）营销作业人员在变电站主控制室、高压室、开关箱等计量装置及其二次回路上，进行巡视、装拆、负荷测试、压降测试、校验、调试等作业时，都应按照本部分要求开展工作。

（2）作业前，应先分清相、零线，选好工作位置。断开导线时，应先断开相线，后断开零线。搭接导线时，顺序应相反。拆除导线的裸露部分后，应立即进行绝缘包裹，不得触碰导线裸露部分。人体不得同时接触两根线头。

（二）高压配电设备、线路作业的一般安全要求

（1）进行配电设备停电的营销现场作业前，应断开可能送电到营销现场作业设备各侧的所有线路（包括客户线路）断路器（开关）、隔离开关（刀闸）和熔断器，并验电、接地后，才能进行工作。

（2）配电设备接地电阻不合格时，应戴绝缘手套方可接触箱体。

（3）配电设备应有防误闭锁装置，防误闭锁装置不准随意退出运行。

（三）低压电气作业的一般安全要求

（1）低压电气工作时应穿绝缘鞋和全棉长袖工作服，并戴低压作业防护手套、安全帽，使用绝缘工具；低压带电作业应戴护目镜，站在干燥的绝缘物上进行，对地保持可靠绝缘。

（2）低压电气工作前，应用测试良好的低压验电器或测电笔检验检修设备、金属外壳和相邻设备是否有电，任何未经验电的设备均视为带电设备。

（3）低压电气工作，应采取措施防止误入相邻间隔、误碰相邻带电部分。

（4）低压电气工作时，拆开的引线、断开的线头应采取绝缘包裹等遮蔽措施。

（5）所有未接地或未采取绝缘遮蔽、断开点加锁挂牌等可靠措施隔绝电源的低压线路和设备都应视为带电。未经验明确无电压，禁止触碰导体的裸露部分。

（6）低压带电作业使用的工具，在作业前必须仔细检查合格后方能使用，对于有缺陷的带电作业工具禁止继续使用。所有带电作业工具必须绝缘良好，

连接牢固，转动灵活。其外裸露的导电部位应采取绝缘包裹措施，防止操作时相间或相对地短路；禁止使用锉刀、金属尺和带有金属物的毛刷、毛掸等工具。

（四）客户侧现场作业一般安全要求

（1）客户侧现场作业必须严格执行安全组织和技术措施，严格工作计划刚性管理，严禁不具备资质人员从事相关工作，禁止擅自操作客户设备。

（2）客户电气设备停、送电前，应由客户停送电联系人与供电方相关人员共同确认，禁止约时停送电。

（3）所有工作人员不许单独进入、滞留在客户高压室和室外高压设备区内。

（4）客户侧现场作业时，应有熟悉设备情况的客户人员全程陪同。

第四十条 营销现场作业分为电能计量、营业业扩、智能用电、综合能源服务、电能替代、负荷控制、用电检查七个专业。各专业现场作业按相关要求执行（详见附件6）。

第八章 作业计划管理

第四十一条 作业计划是针对不同性质的现场作业进行的作业规划，作业计划应包括作业内容、作业开始（结束）日期、主业（外包）单位作业人数、工作票种类、作业类型、电压等级、作业风险等级、电网风险等级、作业实施单位、设备归属（是否客户侧）、绑定视频设备、工作负责人及联系方式、到岗到位人员信息等内容（详见附件7）。

第四十二条 营销现场作业应严格按照"无计划、不作业"和"全覆盖、无死角"的原则，在承载力范围内制订作业计划，将全部作业内容纳入计划管理，严禁无计划作业。

第四十三条 营销现场作业任务应统筹考虑停电计划，严格实施"月计划，周安排，日管控"的管控模式。按周为单位进行统筹安排，细化分解到日，日计划原则上由周计划拆分得出，未列入周计划的作业一律纳入日计划。

第四十四条 作业计划按照"谁管理、谁负责"的原则实行分层分级管理。应结合营销线上化作业平台，明确各专业计划管理人员，健全计划编制、审批和发布工作机制，实行全过程监督管控。

第四十五条 严格执行计划审批备案，强化计划刚性执行，禁止随意更改和增减作业计划，确属特殊情况需追加或者变更作业计划，应按专业要求履行审批手续后方可实施。

第四十六条 四、五级风险作业的营销现场作业计划由区（县）公司营销部、营销班组、供电所进行编制、审批、发布，作业计划变动时，应及时变更计划并进行审批、发布。

第四十七条 编制应遵循"六优先、九结合"原则（详见附件8），并根据作业风险评估定级，建立分级审批机制。

第四十八条 安排作业计划时，要根据领导干部和管理人员在岗情况及现场工作的实际需要，统筹、合理安排到岗到位计划。

第九章 队伍及人员管理

第四十九条 队伍及人员管理包括对现场作业队伍、督查队伍（督查工作详见第十二章）、专家队伍的管理。

第五十条 营销现场作业队伍

（1）各级单位应实行作业人员动态管理，执行准入考试，做好反违章管理，严格落实考核（详见《国家电网有限公司安全生产反违章工作管理办法》）。

（2）作业人员应身体健康、熟练掌握安全知识技能、通过资格考试（详见营销安规）。

（3）各级单位应以教学、实训相融合，线上、线下相结合，调考、比武相支撑的模式开展培训，培训内容侧重安全意识、基础知识、专业技能等。

第五十一条 督查队伍

（1）安全督查队伍应覆盖省、市、区（县）、所四级，履行营销专业范围内的安全督查工作。

（2）督查人员应具备相关的营销专业知识，还应具备"三管"（能管、敢管、善管）能力，能及时发现现场作业隐患、不安全因素，并提出解决措施及建议，做到能管；敢于如实向督查组负责人汇报检查发现的管理薄弱环节和安全隐患，做到敢管；善于调查研究、沟通交流，确保督查工作质量，做到善管。

（3）督查队伍以柔性方式组建，在营销专业优秀人员中推荐、选拔，并进行专项培训，培训内容侧重强化专业工作能力与拓展专业技能范畴等。

第五十二条 专家队伍

（1）省、市两级应组建专家队伍，进行营销现场作业安全相关规范、办法、标准、方案等文件编制、修订，开展前沿性、创新性课题研究，参加相关调研及督导检查工作。

（2）专家应具备专业间交叉融合的能力、专业发展趋势研判的能力，掌握最新政策要求，发挥示范引领作用。

（3）专家选拔侧重创新工作能力、专业主导作用、专业工作水准，采取逐级选拔形式，优先从各类专家库中选拔。专家实行动态管理，定期参加专项培训及考核。

第十章 现场作业安全管控

第五十三条 从事营销现场作业的人员，应严格遵守营销安规及营销作业指导书等有关规定，强化作业管控，规范作业行为，确保人身、电网和设备安全。

第五十四条 从事营销现场作业应严格落实"四个管住"工作要求，建立"四个安全"（安全是技术、安全是管理、安全是文化、安全是责任）为核心的营销现场作业安全治理体系，坚持"十不干"原则。

第五十五条 定期开展安全隐患排查，做好安全分析，逐一落实风险防控措施。加强迎峰度夏、迎峰度冬及重大保电任务等特殊时段的安全隐患排查力度，确保风险可控、能控、在控。

第五十六条 营销现场作业安全风险管控应遵循"全面评估、分级管控"的工作原则，以营销作业指导书的风控措施为指导，依托营销线上化作业平台实施全过程管控。

第五十七条 营销现场作业分为电能计量、营业业扩、智能用电、综合能源服务、电能替代、负荷控制、用电检查7大类43种作业类型，60个作业场景（详见附件4）。

第五十八条 作业开始前工作负责人的准备工作

（1）核实作业必需的工器具和个人安全防护用品，确保合格有效。

（2）核实作业人员是否具备安全准入资格、特种作业人员是否持证上岗、特种设备是否检测合格。

（3）按要求装设视频监控终端等设备，并通过移动作业App与作业计划关联。

（4）工作许可人、工作负责人共同做好现场安全措施的布置、检查及确认等工作，必要时进行补充完善，并做好相关记录。安全措施布置完成前，禁止作业。

第五十九条 工作负责人办理工作许可手续后，组织全体作业人员开展安全交底，并应用移动作业App留存工作许可、安全交底录音或影像等资料。

第六十条 工作票（作业票）签发人或工作负责人对有触电危险、施工复杂容易发生事故的作业，应增设专责监护人，确定被监护的人员和监护范围，专责监护人不得兼做其他工作。

第六十一条　现场作业过程中，工作负责人、专责监护人应始终在作业现场，严格执行工作监护和间断、转移等制度，做好现场工作的有序组织和安全监护。工作负责人重点抓好作业过程中危险点管控，应用移动作业 App 检查和记录现场安全措施落实情况。

第六十二条　建立健全生产作业到岗到位管理制度，明确到岗到位标准和工作内容，实行分层分级管理。

第六十三条　现场工作结束后，工作负责人应配合设备运维管理单位做好验收工作，核实工器具、视频监控设备回收情况，清点作业人员，应用移动作业 App 做好工作终结记录。

第六十四条　工作结束后班组长应组织全体班组人员召开班后会，对作业现场安全管控措施落实情况总结评价，分析不足。

第十一章 营销线上化作业平台建设与应用

第六十五条 平台建设

（1）遵循统一标准、分步实施的原则，采用省级集中内外网同步部署的方式，开展营销线上化作业平台的建设、部署及应用。

（2）在人员资质、作业计划、工作票（卡）、现场视频监控、系统使用权限设置等方面，应与营销、安监、运检、调控、数字化等专业部门的相关信息系统实现信息互通、数据共享。

（3）营销现场作业管控应达到线上化全覆盖，实现电能计量、营业业扩、智能用电、综合能源、电能替代、负荷控制、用电检查等全部营销现场作业线上化管控。

（4）工作计划应与工单全面绑定，实现计划编制、审批、变更、发布的全过程线上流转。

（5）全面推行工作票（卡）线上流转，实现工作票（卡）的填写、签发、许可、变更、终结的全过程线上管控。

（6）营销线上化作业平台建设目标。

1）实现现场作业统筹规划和作业管控"精准到人"，分析人员到岗情况、作业效率，实现精准评价人员工作质量。

2）信息填写过程中自动带出现场作业风险等级，根据风险等级自动关联到管控环节、审批权限、管控模式、安全措施，实行差异化管控。

3）由业务系统发起的计划性工作，应能直接生成工单并自动同步至线上化作业平台，实现作业计划按月、周、日自动编制、汇总。

4）对同一天、相同安全措施的多个低压营销作业现场的工作，可合并开具一张低压工作票。

5）采录的数据应具备自主校核、时间逻辑关系自动研判、上传照片合规性自动辨识等功能，对采录的不正确数据主动报错。

6）工单流转、填写、审批等关键节点应具备主动提醒功能，为填写人、审批人发送手机短信、手机 App 信息等通知，确保工单在规定时限内完成。

7）安全工器具的入库、试验、领用、报废等环节实行全流程管控，确保工器具安全可靠。

8）安全知识库收录营销安规和标准化作业指导书等内容，可查阅各个作业类型的标准工作流程、作业内容、质量要求、风险点及防范措施。

9）公司系统员工、外包人员进行统一的档案、权限管理，账号覆盖符合现场准入条件的全部人员，根据人员基础信息、工作角色、违章记录等，实现红黄绿安全色卡管理和外包单位的资质许可、黑名单等管理。

第六十六条　平台应用

（1）依据营销作业指导书，实现只用一个"App＋微应用"即可完成所有现场工作安全管控，实现线上化管控全覆盖。

（2）通过 App 实现对现场作业计划的执行情况、工作票内容的填写及流转情况、班前会开展情况、风险点取证等流程进行全过程管控（详见附件9）。

（3）营销现场作业人员要严格按照录入标准（详见附件10），应用移动作业终端（手机），准确录入设备信息、关键风险点、安全措施照片、作业质量照片等信息。

（4）依托平台开展线上督查工作（详见第十二章）。

第十二章 安 全 督 查

第六十七条 营销现场作业安全督查是指公司各级营销安全督查队伍对营销作业现场开展的安全检查、督促整改等监督检查工作。

第六十八条 营销现场作业安全督查应坚持全面覆盖的原则，对发现的现场违章行为、安全管理缺失等问题，由营销部会同安监部进行处罚和问题整改，形成闭环管理机制。

第六十九条 各级领导应带头深入作业现场，检查指导作业现场安全管控工作（详见第十三章）。

第七十条 营销现场作业安全督查包括线上督查、线下督查两种形式。

第七十一条 线上督查

依托营销线上化作业平台开展线上督查工作，对督查要求、督查内容、督查整改进行全流程管理。

（1）督查要求。对不同风险等级的现场作业采取差异化抽查，省电力公司根据每日现场作业数量随机进行抽查，市供电公司根据省电力公司下达的任务量进行抽查，区（县）供电公司每日按照要求进行自查（四级风险的现场作业日抽查率不低于 20％，五级风险的现场作业日抽查率不低于 8％）。地市、区（县）供电公司每周上报问题清单及整改情况，可采取线上化方式进行。省电力公司重点督查四级及以上风险的现场作业，地市供电公司重点督查五级及以上风险的现场作业。

（2）督查内容。督查人员要全面检查系统中作业计划、现场勘查、工作票、班前会、风险点取证等流程及内容的规范性。

（3）督查整改。督查人员通过系统核查发现的违章及不规范作业等问题，形成问题清单，明确整改时限，由平台自动公告，督促基层单位对问题自查自改。

第七十二条 线下督查

线下督查以"四不两直"、专项督查等形式开展，对督查要求、督查内容、督查整改进行全流程管理。

（1）督查要求。省电力公司每季度至少开展 1 次。地市供电公司每月至少开展 1 次，每年要对区（县）供电公司形成全覆盖。区（县）供电公司每月至少开展 1 次，每年要对供电所（班组）至少进行两次全覆盖督查。

（2）督查内容。对地市供电公司、区（县）供电公司、营销专业班组（供电所）进行检查，检查的内容包括安全生产责任制、安全教育培训、作业安全管控、安全生产专项行动、安全工器具管理、作业现场等（详见附件11～附件13）。

（3）督查整改。督查人员将检查发现的违章及不规范作业等问题，形成问题清单，明确整改时限，督促基层单位对问题做好自查自改。

第十三章 领导干部、管理人员到岗到位

第七十三条 到岗到位是指营销专业各级领导干部和管理人员到基层单位、工作班组、作业现场开展督导检查、专项调研等工作。

第七十四条 到岗到位人员应深入营销作业现场及时了解和解决安全生产工作中的问题，监督检查作业现场、班组（供电所）有关安全生产规程制度的执行情况，督促各级人员履行安全生产职责，指导安全生产工作。

第七十五条 到岗到位人员到基层单位、班组（供电所）、作业现场开展督导检查频次应按以下要求执行。

序号	单位	职务	频次
1	省电力公司	营销部负责人	每季度至少1次
2		营销部处室负责人、管理人员	每月至少1次
3	地市供电公司	分管营销负责人	每月至少1次
4		营销部负责人、管理人员	每月至少2次
5	区（县）供电公司	分管营销负责人	每月至少2次
6		营销部负责人、管理人员	每月至少3次

第七十六条 省电力公司营销部负责人、地市供电公司分管营销负责人应重点（但不限于）开展以下工作：

（1）督导现场作业工作组织情况。

（2）督导现场安全措施落实情况。

（3）督导其他到岗到位人员履职情况。

（4）督导专业工作执行情况。

（5）督导作业风险管控措施落实情况。

第七十七条 省电力公司营销部各处室、地市供电公司营销部、区（县）供电公司营销部负责人或管理人员应重点（但不限于）开展以下工作：

（1）督查工作票正确性，及组织措施、技术措施、安全措施完备性，作业内容和作业计划一致性。

（2）督查现场安全措施落实情况。

（3）督查作业风险管控措施落实情况。

（4）督查专业规程规范及反事故措施落实情况。

（5）协调需要其他专业、单位协同配合的工作。

（6）制止违章指挥、违章作业，组织整改存在问题。

第七十八条 到岗到位人员深入作业现场时应携带并填写"作业现场到岗到位记录表"（详见附件 14）。检查完毕后，被检查单位留存"作业现场到岗到位记录表"，并与工作票一并进行保存。

第十四章　隐患排查治理

第七十九条　安全隐患是指安全风险程度较高，可能导致事故发生的作业场所、设备设施、电网运行的不安全状态、人的不安全行为和安全管理方面的缺失。

第八十条　各单位应健全营销现场作业隐患排查组织及管理制度，实行全面、全员、全过程、全方位管理。分级开展隐患排查工作，建立一级抓一级、一级对一级负责的管理工作机制，确保隐患排查常态化、标准化。

第八十一条　安全隐患分成Ⅰ级重大事故隐患、Ⅱ级重大事故隐患、一般事故隐患和安全事件隐患四个等级（参照《国家电网有限公司安全隐患排查治理管理办法》），由隐患所在单位按照预评估、评估、认定三个步骤判定。

第八十二条　各级单位应依托综合检查、专业检查和监督检查等对营销安全责任体系、管理制度等进行排查。依据有关安全生产法律、法规等制订方案，确定排查目的、排查内容、排查记录等。

第八十三条　安全隐患一经确定，隐患所在单位应立即采取防止隐患发展的控制措施，防止事故发生，同时根据隐患具体情况和急迫程度，及时制订治理方案或措施，抓好隐患整改，按计划消除隐患，防范安全风险。

第八十四条　隐患治理完成后，隐患所在单位应及时报告有关情况、申请验收，对已消除并通过验收的应销号，整理相关资料，妥善存档。

第十五章　监督、考核评价

第八十五条　建立营销现场作业安全监督考核评价机制，督促营销现场作业安全工作标准及规范落实，持续改进营销现场作业安全管控方法和手段。

第八十六条　以强化营销现场作业安全管理为目的，按照"专业管控、分级考核、奖惩并举、闭环整改"的原则，各单位定期开展营销现场作业安全管理工作的监督、检查、评价，建立评价结果应用机制，提高工作积极性和主动性。

第八十七条　根据安全督查结果进行营销现场作业安全管理评价，评价内容包括作业计划、作业准备、作业实施、到岗到位、标准化作业等，重点关注作业风险识别、定级是否准确，安全管控工作标准和措施是否落实。

第八十八条　公司营销部每月对各地市供电公司营销现场作业安全管理工作落实情况进行监督、检查、评价，将评价结果纳入地市供电公司营销价值贡献度、乡镇供电所状态评价体系等考核指标，通报营销现场作业安全评价结果，总结营销现场作业中发现的问题，提出改进意见和要求。

第八十九条　地市供电公司每月对地市供电公司及所辖区（县）供电公司营销现场作业安全管理工作落实情况进行监督、检查、评价，通报营销现场作业安全评价结果，总结营销现场作业中发现的问题，提出改进意见。

第九十条　区（县）供电公司每月对区（县）供电公司营销现场作业安全管理工作落实情况进行监督、检查、评价，通报营销现场作业安全评价结果，总结营销现场作业中发现的问题，提出改进意见。

第九十一条　检查以自查自纠为主、上级检查为辅，按照"谁检查、谁处罚"的原则，根据营销现场作业存在的违章情况，对相关单位、班组及个人给予处罚。

第九十二条　各级单位应建立健全反违章工作机制，组织开展无违章现场、无违章员工等创建活动，鼓励自查自纠，对及时发现纠正违章、避免安全事故的单位和个人给予表扬和奖励。因违章导致安全事故（事件）发生的，按照国家有关法律法规和公司事故（件）调查处理有关规定执行。公司将依据安全工作奖惩有关规章制度，严肃追究相关责任单位和人员责任。

第九十三条　公司定期开展营销现场作业安全管理考核评比工作，对优秀的班组（供电所）授予"营销现场作业安全管理示范班组（供电所）"荣誉称号。

第十六章 附 则

第九十四条 本规范由公司营销部制订、解释并监督执行。各单位可根据本规范，结合实际，制订相关细则及方案。

第九十五条 本规范自印发之日起施行。

附件 1 现场勘查记录格式

现 场 勘 查 记 录

勘查单位：＿＿＿＿＿＿＿＿部门（或班组）：＿＿＿＿＿＿编号：＿＿＿＿＿

勘查负责人：＿＿＿＿＿＿；勘查人员：＿＿＿＿＿＿＿＿＿＿＿＿＿＿＿＿＿

勘查的线路名称或设备双重名称（多回应注明双重称号及方位）：

＿＿＿＿＿＿＿＿＿＿＿＿＿＿＿＿＿＿＿＿＿＿＿＿＿＿＿＿＿＿＿＿＿＿＿＿

工作任务［工作地点（地段）和工作内容］：＿＿＿＿＿＿＿＿＿＿＿＿＿＿＿＿

＿＿＿＿＿＿＿＿＿＿＿＿＿＿＿＿＿＿＿＿＿＿＿＿＿＿＿＿＿＿＿＿＿＿＿＿

现场勘查内容：

1. 工作地点需要停电的范围
2. 保留的带电部位
3. 作业现场的条件、环境及其他危险点［应注明：交叉、邻近（同杆塔、并行）电力线路；多电源、自发电情况；地下管网沟道及其他影响施工作业的设施情况］
4. 应采取的安全措施（应注明：接地线、绝缘隔板、遮栏、围栏、标识牌等装设位置）
5. 附图与说明

记录人：＿＿＿＿＿＿＿ 勘查日期：＿＿＿＿年＿＿月＿＿日＿＿时

附件2 工作票格式

附件2-1 变电第一种工作票

单位_____ 编号_____

1. 工作负责人（监护人）_____ 班组_____

2. 工作班人员（不包括工作负责人）_____共_____人。

3. 工作的变、配电站名称

_____

4. 工作任务

工作地点及设备双重名称	工作内容

5. 计划工作时间：自_____年_____月_____日_____时_____分

　　　　　　　　　至_____年_____月_____日_____时_____分

6. 安全措施（必要时可附页绘图说明）

应拉断路器（开关）、隔离开关（刀闸）	已执行
应装接地线、应合接地开关（注明确实地点、名称及接地线编号）	已执行
应设遮栏、应挂标识牌及防止二次回路误碰等措施	已执行

已执行栏目及接地线编号由工作许可人填写。

工作地点保留带电部分或注意事项（由工作票签发人填写）	补充工作地点保留带电部分和安全措施（由工作许可人填写）

工作票签发人签名_____签发日期：_____年_____月_____日_____时
_____分

7. 收到工作票时间_____年_____月_____日_____时_____分

运维人员签名_____ 工作负责人签名_____

8. 确认本工作票 1～7 项

工作负责人签名_____ 工作许可人签名_____

许可开始工作时间：_____年_____月_____日_____时_____分

9. 确认工作负责人布置的工作任务和安全措施

工作班组人员签名：

_____

_____

10. 工作负责人变动情况

原工作负责人_____离去，变更_____为工作负责人

工作票签发人_____ _____年_____月_____日_____时_____分

11. 工作人员变动情况（变动人员姓名、日期及时间）：

_____

_____

工作负责人签名_____

12. 工作票延期

有效期延长到_____年_____月_____日_____时_____分

工作负责人签名_____ _____年_____月_____日_____时_____分

工作许可人签名_____ _____年_____月_____日_____时_____分

13. 每日开工和收工时间（使用一天的工作票不必填写）

收工时间				工作负责人	工作许可人	开工时间				工作许可人	工作负责人
月	日	时	分			月	日	时	分		

14. 工作终结

全部工作于_____年_____月_____日_____时_____分结束，设备及安全措施已恢复至开工前状态，工作人员已全部撤离，材料工具已清理完毕，工作已终结。

　　　工作负责人签名_____工作许可人签名_____

15. 工作票终结

　　临时遮栏、标识牌已拆除，常设遮栏已恢复。未拆除或未拉开的接地线编号____等共____组、接地开关（小车）共____副（台），已汇报调度值班员。

　　工作许可人签名_____ _____年_____月_____日_____时_____分

16. 备注

　　（1）指定专责监护人_____负责监护_____（地点及具体工作）

　　（2）其他事项_____

附件2-2　变电第二种工作票

单位_____　　　　　　编号_____

1. 工作负责人（监护人）_____　　班组_____

2. 工作班人员（不包括工作负责人）_____共____人。

3. 工作的变、配电站名称及设备双重名称

_____

4. 工作任务

工作地点或地段	工作内容

5. 计划工作时间

　　自_____年_____月_____日_____时_____分

　　至_____年_____月_____日_____时_____分

6. 工作条件（停电或不停电，或邻近及保留带电设备名称）

_____

7. 注意事项（安全措施）

_____

_____

　　工作票签发人签名_____签发日期_____年_____月_____日_____时_____分

8. 补充安全措施（工作许可人填写）

_____

9. 确认本工作票1~8项

工作负责人签名_____ 工作许可人签名_____

许可工作时间：_____年_____月_____日_____时_____分

10. 确认工作负责人布置的工作任务和安全措施

工作班人员签名：

_____

_____

11. 工作票延期

有效期延长到_____年_____月_____日_____时_____分

工作负责人签名_____ _____年_____月_____日_____时_____分

工作许可人签名_____ _____年_____月_____日_____时_____分

12. 工作票终结

全部工作于_____年_____月_____日_____时_____分结束，工作人员已全部撤离，材料工具已清理完毕。

工作负责人签名_____ _____年_____月_____日_____时_____分

工作许可人签名_____ _____年_____月_____日_____时_____分

13. 备注

_____

_____

附件 2-3　配电第一种工作票

单位_____ 编号_____

1. 工作负责人_____ 班组_____

2. 工作班人员（不包括工作负责人）_____
_____共___人。

3. 工作任务

工作地点或设备双重名称	工作内容

4. 计划工作时间：自_____年_____月_____日_____时_____分

至_____年_____月_____日_____时_____分

5. 安全措施（必要时可附页绘图说明）

5.1 调控或运维人员应采取的安全措施	已执行
5.2 工作班完成的安全措施	已执行

5.3 工作班装设（或拆除）的接地线			
线路名称或设备双重名称和装设位置	接地线编号	装设时间	拆除时间

5.4 配合停电线路应采取的安全措施	已执行

5.5 保留或邻近的带电线路、设备

_____

_____

5.6 其他安全措施和注意事项

_____

_____

工作票签发人签名_____ _____年_____月_____日_____时_____分

工作负责人签名_____ _____年_____月_____日_____时_____分

5.7 其他安全措施和注意事项补充（由工作负责人或工作许可人填写）

_____

_____

6. 工作许可

许可单位	许可的线路或设备	许可方式	工作许可人签名	工作负责人签名	许可工作的时间
供电公司					年 月 日 时 分
客户					年 月 日 时 分
					年 月 日 时 分
					年 月 日 时 分

7. 工作任务单登记

工作任务单编号	工作任务	小组负责人	工作许可时间	工作结束报告时间

8. 现场交底，工作班成员确认工作负责人布置的工作任务、人员分工、安全措施和注意事项并签名： _____

_____

9. 人员变更

9.1 工作负责人变动情况：原工作负责人_____离去，变更_____为工作负责人。

工作票签发人签名_____ _____年_____月_____日_____时_____分

原工作负责人签名_____新工作负责人签名_____ _____年_____月

_____日_____时_____分

9.2 工作人员变动情况

新增人员	姓名				
	变更时间				
离开人员	姓名				
	变更时间				

工作负责人签名_____

10. 工作票延期：有效期延长到_____年_____月_____日_____时_____分

工作负责人签名_____ _____年_____月_____日_____时_____分

工作许可人签名_____ _____年_____月_____日_____时_____分

工作许可人（客户）签名_____ _____年_____月_____日_____时_____分

11. 每日开工和收工记录（使用一天的工作票不必填写）

收工时间	工作负责人	工作许可人	开工时间	工作许可人	工作负责人

12. 工作终结

12.1　工作班现场所装设接地线共_____组、个人保安线共_____组已全部拆除，工作班人员已全部撤离现场，材料工具已清理完毕，杆塔、设备上已无遗留物。

12.2　工作终结报告

许可单位	终结的线路或设备	报告方式	工作负责人签名	工作许可人签名	终结报告时间
供电公司					年　月　日　时　分
客户					年　月　日　时　分

13. 备注

13.1　指定专责监护人_____负责监护_____

_____（地点及具体工作）

13.2　其他事项

_____

附件2-4　配电第二种工作票

单位_____　　　　　编号_____

1. 工作负责人_____　　　　　班组_____

2. 工作班人员（不包括工作负责人）_____

_____共____人。

3. 工作任务

工作地点或设备双重名称	工作内容

4. 计划工作时间：自_____年_____月_____日_____时_____分

　　　　　　　　至_____年_____月_____日_____时_____分

5. 工作条件和安全措施（必要时可附页绘图说明）

_____

_____

_____

　　工作票签发人签名_____　_____年_____月_____日_____时_____分

　　工作负责人签名_____　_____年_____月_____日_____时_____分

6. 现场补充的安全措施

_____

_____

7. 工作许可

许可单位	许可的线路、设备	许可方式	工作许可人签名	工作负责人签名	许可工作（或开工）时间
供电公司					年 月 日 时 分
客 户					年 月 日 时 分

8. 现场交底，工作班成员确认工作负责人布置的工作任务、人员分工、安全措施和注意事项并签名：_____工作开始时间_____年_____月_____日_____时_____分　工作负责人签名_____

9. 工作票延期：有效期延长到_____年_____月_____日_____时_____分。

　　工作负责人签名_____　_____年_____月_____日_____时_____分

　　工作许可人签名_____　_____年_____月_____日_____时_____分

　　工作许可人（客户）签名_____　_____年_____月_____日_____时_____分

10. 工作完工时间_____年_____月_____日_____时_____分

　　工作负责人签名_____

11. 工作终结

11.1　工作班人员已全部撤离现场，材料工具已清理完毕，杆塔、设备上已无遗留物。

11.2　工作终结报告

许可单位	终结的线路或设备	报告方式	工作负责人签名	工作许可人签名	终结报告（或结束）时间
供电公司					年 月 日 时 分
客户					年 月 日 时 分

12. 备注

12.1　指定专责监护人_____负责监护_____

_____（地点及具体工作）

12.2　其他事项

_____

_____

附件2-5　低 压 工 作 票

单位_____　　　　　　　编号_____

1. 工作负责人_____　　　　　　　班组_____

2. 工作班成员（不包括工作负责人）_____

_____共____人。

3. 工作的线路名称或设备双重名称（多回路应注明双重称号及方位）、工作任务

_____

_____

4. 计划工作时间：自_____年_____月_____日_____时_____分至_____年_____月_____日_____时_____分

5. 安全措施（必要时可附页绘图说明）

5.1　工作的条件和应采取的安全措施（停电、接地、隔离和装设的安全遮栏、围栏、标示牌等）

_____

_____

5.2　保留的带电部位

_____

_____

5.3　其他安全措施和注意事项

_____

_____

工作票签发人签名_____ _____年_____月_____日_____时_____分

工作负责人签名_____ _____年_____月_____日_____时_____分

6. 工作许可

6.1　现场补充的安全措施

6.2 确认本工作票安全措施正确完备，许可工作开始

许可方式_____ 许可工作时间_____年_____月_____日_____时
_____分

工作许可人签名_____ 工作负责人签名_____

7. 现场交底，工作班成员确认工作负责人布置的工作任务、人员分工、安全措施和注意事项并签名：

_____

_____

8. 工作票终结

工作班现场所装设接地线共____组、个人保安线共____组已全部拆除，工作班人员已全部撤离现场，工具、材料已清理完毕，杆塔、设备上已无遗留物。

工作负责人签名_____ 工作许可人签名_____

工作终结时间_____年_____月_____日_____时_____分

9. 备注：

_____

_____

附件 2-6 现场作业工作卡

单位_____ 编号_____

工作负责人		班组		
工作班成员		共　人		
计划工作时间	自____年____月____日____时____分 至____年____月____日____时____分			
客户名称	工作地点	工作指派人	派工时间	现场作业类型
序号	工作现场风险点分析	注意事项及安全措施	逐项落实并打"√"	
1				
2				
3				
4				
5				
工作负责人签名				

续表

工作许可人签名（供电公司）	
工作许可人签名（客户）	
工作任务和现场安全措施已确认，工作班成员签名	

开工时间_____年_____月_____日_____时_____分

工作终结	工作负责人签名	工作许可人签名

收工时间_____年_____月_____日_____时_____分

注 1. 现场作业工作卡应按以下程序执行：工作负责人办票→工作派发人签字→履行现场安全措施→工作人员现场检查安全措施→工作许可（含客户许可）→开工→工作结束→存档备案。

2. 一张现场作业工作卡宜执行同一类营销现场工作，工作负责人可根据增加不同工作地点。

3. 本附件属通用模板，仅供参考，需要现场作业人员结合现场实际认真分析、列出现场实际存在的风险点，并对照填写注意事项及安全措施。

附件 2-7 配电工作任务单

单位_____　　工作票编号_____　　编号_____

1. 工作负责人姓名_____

2. 小组负责人姓名_____　　小组名称_____

　　小组人员（不含小组负责人）：_____

_____共_____人

3. 工作任务

工作地点或地段（注明线路名称或设备双重名称、起止杆号）	工作内容及人员分工	专职监护人

4. 计划工作时间：自_____年_____月_____日_____时_____分

　　　　　　　　 至_____年_____月_____日_____时_____分

5. 工作地段采取的安全措施

5.1　应装设的接地线

应装设的接地线的位置					

5.2　应装设的安全标示、遮栏（围栏）等

_____

6. 其他危险点预控措施和注意事项（必要时可附页绘图说明）

_____

_____

工作任务单签发人签名 _____ ____年____月____日____时
_____分

小组负责人签名 _____ ____年____月____日____时
_____分

7. 工作班成员确认工作负责人布置的工作任务、人员分工、安全措施和注意事项并签名

_____

_____

工作许可时间_____年_____月_____日_____时_____分

工作负责人签名_____ 小组负责人签名_____

8. 工作任务单结束

8.1 小组工作于_____年_____月_____日_____时_____分结束，现场临时安全措施已拆除，材料、工具已清理完毕，小组人员已全部撤离。

8.2 小组工作结束报告

线路或设备	报告方式	工作负责人	小组负责人签名	工作结束报告时间
				年 月 日 时 分

9. 备注_____

附件3 高压线路、设备不停电时的安全距离

高压线路、设备不停电时的安全距离

电压等级（kV）	安全距离（m）
10 及以下	0.7
20、35	1.0
66、110	1.5
220	3.0

注 表中未列电压应选用高一挡电压等级的安全距离。电压等级数据按海拔 1000m 校正。

附件4 营销现场作业场景安全管控一览表

营销现场作业场景安全管控一览表

序号	工作分类	作业类型	作业场景	作业内容	作业风险等级	作业计划	作业监控(布控球)	现场作业记录形式	标准化作业指导书
1	电能计量	高压互感器更换	35kV及以上的系统内或客户侧变电站作业，配合高压互感器更换，进行计量二次回路拆接线和接线正确性检查		四级	应按要求列入月/周计划	宜启用	变电第一种工作票	《高压电能计量装置装拆及验收标准化作业指导书》
2	电能计量	高压互感器更换	20kV及以下运行开关站、环网柜、用户运行配电室，配合高压互感器更换，进行计量二次回路拆接线和接线正确性检查		四级	应按要求列入月/周计划	宜启用	配电第一种工作票	《高压电能计量装置装拆及验收标准化作业指导书》
3	电能计量	高压互感器（故障抢修）更换	35kV及以上的系统内或客户侧变电站作业，配合高压互感器故障抢修更换，进行计量二次回路拆接线和接线正确性检查	涉及不超过4个专业，或2个单位，或班组的个人作业人员超过30人的	四级	日计划	宜启用	变电第一种工作票	《高压电能计量装置装拆及验收标准化作业指导书》
4	电能计量	高压互感器（故障抢修）更换	20kV及以下的系统内开关站、环网柜、用户运行配电室，配合高压互感器故障抢修更换，进行计量二次回路拆接线和接线正确性检查		四级	日计划	宜启用	配电第一种工作票	《高压电能计量装置装拆及验收标准化作业指导书》
5	电能计量	低压互感器更换	35kV及以上的系统内或客户侧变电站计量装置现场更换	风险等级不超过三级的大型复杂作业	四级	应按要求列入月/周计划	宜启用	变电第一/第二种工作票	《经互感器接入式低压电能计量装置装拆标准化作业指导书》
6	电能计量	低压互感器更换	20kV及以下运行配电室内开关站、环网柜，用户运行中的高压设备停电或需要做安全措施的		四级	应按要求列入月/周计划	宜启用	配电第一/第二种工作票	《经互感器接入式低压电能计量装置装拆标准化作业指导书》
7	电能计量	低压互感器更换	台区用户低压互感器更换，不需要将运行中的高压设备停电或做安全措施的		四级	应按要求列入月/周计划	宜启用	低压工作票	《经互感器接入式低压电能计量装置装拆标准化作业指导书》
8	电能计量	低压互感器（故障抢修）更换	35kV及以上的系统内或客户侧变电站计量装置现场互感器故障抢修更换		四级	日计划	宜启用	变电第一/第二种工作票	《经互感器接入式低压电能计量装置装拆标准化作业指导书》

续表

序号	工作分类	作业类型	作业场景	作业内容	作业风险等级	作业计划	作业监控（布控球）	现场作业记录形式	标准化作业指导书
9	电能计量	低压互感器更换（故障抢修）	20kV及以下的系统内开关站、环网柜，用户运行配电室低压互感器故障抢修更换，需要将高压设备停电或做安全措施的		四级	日计划	宜启用	配电第一/第二种工作票/配电工作任务单	《经互感器接入式低压电能计量装置装拆标准化作业指导书》
10	电能计量		台区用户低压互感器故障抢修更换不需要将高压设备运行中的互感器现场停电或做安全措施的		四级	日计划	宜启用	低压工作票	《经互感器接入式低压电能计量装置装拆标准化作业指导书》
11	电能计量	互感器现场校验	35kV及以上的系统内或客户侧变电站用互感器现场校验	涉及不超过4个专业，或2个单位，或4个班组，或作业人员超过30人的风险等级不超过三级的大型复杂作业	四级	应按要求列入月/周计划	宜启用	变电第一/第二种工作票	《电流互感器现场检验标准化作业指导书》《电压互感器现场检验标准化作业指导书》
12	电能计量		20kV及以下的系统内开关站、环网柜，用户运行配电室用互感器现场校验		四级	应按要求列入月/周计划	宜启用	配电第一/第二种工作票	《电流互感器现场检验标准化作业指导书》《电压互感器现场检验标准化作业指导书》
13	电能计量	接线盒盒更换	35kV及以上的系统内或客户侧变电站计量用接线盒更换		四级	日计划	宜启用	变电第一/第二种工作票	《高压电能计量装置装拆及装验收标准化作业指导书》《经互感器接入式低压电能计量装置装拆标准化作业指导书》
14	电能计量		20kV及以下的系统内开关站、环网柜，用户运行配电室用计量用接线盒更换		四级	日计划	宜启用	配电第一/第二种工作票	《高压电能计量装置装拆及装验收标准化作业指导书》《经互感器接入式低压电能计量装置装拆标准化作业指导书》
15	电能计量		台区关口表或低压用户计量用接线盒更换，不需要将高压设备运行中的安全措施的		四级	日计划	宜启用	低压工作票	《经互感器接入式低压电能计量装置装拆标准化作业指导书》

续表

序号	工作分类	作业类型	作业场景	作业内容	作业风险等级	作业计划	作业监控（布控球）	现场作业记录形式	标准化作业指导书
16	电能计量	变电站电能表、终端装置拆装及更换	35kV及以上的系统内或客户侧变电站内，不需要将运行中的高压设备停电或做安全措施的		四级	应按要求列入月/周计划	宜启用	变电第二种工作票	《高压电能计量装置装拆及验收标准化作业指导书》《经互感器接入式低压电能计量装置拆装标准化作业指导书》《电能量采集装置装拆及更换标准化作业指导书》《直接接入式电能计量装置装拆标准化作业指导书》
17	电能计量	变电站内电能表、终端装置拆装及更换（故障抢修）	35kV及以上的系统内或客户侧变电站内，不需要将运行中的高压设备停电或做安全措施的故障抢修处理	涉及不超过4个专业，或单位，或2个班组，或作业人员超过30人的风险等级不超过三级的大型复杂作业	四级	日计划	宜启用	变电第二种工作票	《高压电能计量装置装拆及验收标准化作业指导书》《经互感器接入式低压电能计量装置拆装标准化作业指导书》《电能量采集装置装拆及更换标准化作业指导书》《直接接入式电能计量装置装拆标准化作业指导书》
18	电能计量	变电站现场检验	35kV及以上的系统内或客户侧变电站电能表现场检验或做安全措施的		四级	应按要求列入月/周计划	宜启用	变电第二种工作票	《经互感器接入式电能表现场检验标准化作业指导书》《直接接入式电能表现场检验标准化作业指导书》
19	电能计量	变电站内二次回路现场检测	35kV及以上的系统内或客户侧变电站内二次回路现场检测，不需要做安全措施的		四级	应按要求列入月/周计划	宜启用	变电第二种工作票	《电能计量装置二次回路标准化作业指导书》
20	电能计量	变电站计量装置故障处理	35kV及以上的系统内或客户侧变电站内计量装置采集故障，需在短时间内恢复供电或装置进行故障处理		四级	日计划	宜启用	变电第二种工作票	《高压标准化作业指导书》《电能量采集装置装拆及更换标准化低压电能计量装置采集标准化作业指导书》《专变终端故障处理标准化作业指导书（非230M）故障处理标准化作业指导书》

续表

序号	工作分类	作业类型	作业场景	作业内容	作业风险等级	作业计划	作业监控（布控球）	现场作业记录形式	标准作业指导书
21	电能计量	变电站计量装置故障处理	35kV及以上的系统内或客户侧变电站内计量装置/采集单元更换、通信调试、时钟时段调整、数据补抄、电池更换等工作，不存在高处作业，不需要改动接线或做安全措施		四级	日计划	宜启用	变电第二种工作票	《高压电能计量装置故障处理标准化作业指导书》《电能量采集装置接入式换标准化作业指导书》《低压电能计量装置故障处理标准化作业指导书》《专变采集终端（非230M）故障处理标准化作业指导书》
22	电能计量	高压电能表、终端装拆及更换	20kV及以下的系统内开关站、环网柜、用户运行配电室高压电能表、终端装拆及更换	单一班组、单一专业，或作业人员不超过5人的风险等级不超过二级检修作业	五级	应按要求列入月/周计划	宜启用	配电第二种工作票	《高压电能计量指导书》《专变采集终端（230M）装拆及验收标准化作业指导书（非230M）装拆及验收标准化作业指导书》《回路验收标准化装拆及验收标准化作业仪》
23	电能计量	高压电能表、终端装拆及更换（故障抢修）	因故障原因需开展的20kV及以下的系统内开关站、环网柜、用户运行配电室高压电能表、终端装拆及更换		五级	日计划	宜启用	配电第二种工作票	《高压电能计量指导书》《专变采集终端（230M）装拆及验收标准化作业指导书（非230M）装拆及验收标准化作业指导书》《回路状态巡检装拆及验收标准化作业仪》
24	电能计量	高压电能表现场检验	20kV及以下的系统内开关站、环网柜、用户运行配电室高压电能表现场检验		五级	应按要求列入月/周计划	宜启用	配电第二种工作票	《直接接入式电能表标准化作业指导书》《经互感器接入式电能表现场检验标准化作业指导书》
25	电能计量	二次回路现场检测	20kV及以下的系统内开关站、环网柜、用户运行配电室二次回路现场检测		五级	应按要求列入月/周计划	宜启用	配电第二种工作票	《电能计量装置二次回路检测标准化作业指导书》

续表

序号	工作分类	作业类型	作业场景	作业内容	作业风险等级	作业计划	作业监控(布控球)	现场作业记录形式	标准化作业指导书
26	电能计量	高压计量装置故障处理	20kV及以下的系统内开关站、环网柜，用户运行配电室内开关装置/采集装置故障，需在短时间内恢复供电的故障处理	单一班组、单一作业，或作业人员不超过5人的风险等级不超二级检修作业	五级	日计划	宜启用	配电第二种工作票	《高压电能计量装置故障处理标准化作业指导书》《专变采集终端（230M）装拆及验收标准化作业指导书》《专变采集终端（非230M）装拆及验收标准化作业指导书》《回路状态巡检仪装拆及验收标准化作业指导书》
27	电能计量	高压计量装置故障处理	20kV及以下的系统内开关站、环网柜，用户运行配电室内开关装置/采集装置的通信单元更换、现场停复电、数据补抄、时钟时段调整、电池更换等工作，不存在高处作业、不需要改动接线等做安全措施		五级	日计划	宜启用	配电第二种工作票	《高压电能计量装置故障处理标准化作业指导书》《专变采集终端（230M）装拆及验收标准化作业指导书》《专变采集终端（非230M）装拆及验收标准化作业指导书》《回路状态标准化作业指导书》
28	电能计量	计量箱更换、安装	低压计量箱更换、安装	安装电能表箱、爬墙线	四级	应按要求列入月/周计划	宜启用	低压工作票	《低压计量箱现场装拆及验收标准化作业指导书》
29	电能计量	计量箱更换、安装（故障抢修）	因故障原因需开展的低压计量箱更换、安装	不需要高压线路、设备停电或做安全措施的配电运维一体化工作	四级	日计划	宜启用	低压工作票	《低压计量箱现场装拆及验收标准化作业指导书》
30	电能计量	低压采集运维	通信单元更换、现场停复电、数据补抄、时钟时段调整、电池更换等工作，存在高处作业、需要改动接线等做安全措施		五级	日计划	可不启用	低压工作票	《集中抄表终端（集中器、采集器）故障处理标准化作业指导书》
31	电能计量	低压采集运维	通信单元更换、现场停复电、数据补抄、时钟时段调整、电池更换等工作，不存在高处作业、不需要改动接线或做安全措施		五级	日计划	可不启用	其他记录形式（派工单、任务单、工作单等）	《集中抄表终端（集中器、采集器）故障处理标准化作业指导书》

续表

序号	工作分类	作业类型	作业场景	作业内容	作业风险等级	作业计划	作业监控（布控球）	现场作业记录形式	标准化作业指导书
32	电能计量	低压电能表、集中器更换、拆除的新装、	批量更换或需要登高的作业		五级	日计划	可不启用	低压工作票	《经互感器接入式低压电能计量装置接拆标准化作业指导书》《直接接入式电能计量装置接拆标准化作业指导书》《专变采集终端（230M）装置及验收标准化作业指导书》《非230M）装置及验收终端（集中器、采集器）装拆标准化作业指导书》
33	电能计量		单户、单只或零星电能表、集中器更换且不需要登高作业	不需要高压线路、设备停电或做安全措施的配电运维一体化工作	五级	日计划	可不启用	其他记录形式（派工单、任务单、工作记录等）	《经互感器接入式低压电能计量装置接拆标准化作业指导书》《直接接入式电能计量装置接拆标准化作业指导书》《专变采集终端（230M）装置及验收标准化作业指导书》《非230M）装置及验收终端（集中器、采集器）装拆标准化作业指导书》
34	电能计量	低压电能计量装置故障处理	低压台区计量装置/采集装置故障，需在短时间内恢复供电或进行故障处理、存在高处作业、存在接触带电部位的可能		五级	日计划	可不启用	低压工作票	《经互感器接入式低压电能计量装置接拆标准化作业指导书》《直接接入式电能计量装置接拆标准化作业指导书》《专变采集终端（230M）装置及验收标准化作业指导书》《非230M）装置及验收终端（集中器、采集器）装拆标准化作业指导书》

续表

序号	工作分类	作业类型	作业场景	作业内容	作业风险等级	作业计划	作业监控（布控球）	现场作业记录形式	标准化作业指导书
35	电能计量	低压计量装置故障/采集装置故障处理	低压台区内同需在短时间内恢复供电或进行故障处理，不需在高处作业，不存在接触带电部位的可能	不需要高压线路、设备做停电或安全措施的配电运维一体化工作	五级	日计划	可不启用	其他记录形式（派工单、工作任务单、工作记录等）	《经互感器接入式低压电能计量装置装拆标准化作业指导书》《直接接入式低压电能计量装置装拆标准化作业指导书》《专变采集终端（230M）装拆及验收标准化作业指导书》《专变采集终端（非230M）装拆及验收标准化作业指导书》《集中抄表终端（集中器、采集器）装拆及验收标准化作业指导书》
36	电能计量	低压电能表现场检验	非变电站用电能表现场检验		五级	应按要求列入月/周计划	宜启用	低压工作票	《直接接入式电能表现场检验标准化作业指导书》《经互感器接入式电能表现场检验标准化作业指导书》
37	智能用电	充换站建设	充电站钢结构、雨棚构件安装施工。充电站土建及电气（除雨棚、钢结构以外）安装施工	根据工作条件确定风险等级	五级或四级	应按要求列入月/周计划	宜启用	现场作业工作卡	《充电站场施工标准化作业指导书》《充电站现场验收标准化作业指导书》
38	智能用电	充换电设备检修	需要做安全措施的地面、监控设备更换及维修等		五级或四级	日计划	宜启用	现场作业工作卡	《充电站故障抢修标准化作业指导书》《充电站抢修指导书》
39	智能用电	充换电设备检修	不需要做安全措施的地面、监控设备运维巡视等		五级或四级	日计划	宜启用	现场作业工作卡	《充电站故障抢修标准化作业指导书》《充电站周期性检测标准化作业指导书》
40	智能用电	充换应急抢修	需要做安全措施的地面、监控设备更换及维修等		五级或四级	日计划	宜启用	现场作业工作卡	《充电站故障抢修标准化作业指导书》
41	智能用电	充换应急抢修	不需要做安全措施配件或做安全措施的日常运维巡视等		五级或四级	日计划	宜启用	现场作业工作卡	《充电站故障抢修标准化作业指导书》《充电站周期性检测标准化作业指导书》

续表

序号	工作分类	作业类型	作业场景	作业内容	作业风险等级	作业计划	作业监控（布控球）	现场作业记录形式	标准化作业指导书
42	营业业扩	高压业扩报装竣工验收	只负责工作组织和资料验收、不操作电气设备	根据工作条件确定风险等级	五级或四级	应按要求列入月/周计划	宜启用	现场作业工作卡或配电第二种工作票	《业扩报装服务现场标准化作业指导书（高压部分）》
43	营业业扩	高压业扩（停）报装送电	只负责业扩停送电工作组织协调，不操作电气设备		五级或四级	应按要求列入月/周计划	宜启用	现场作业工作卡或配电第一种工作票	《业扩报装服务现场标准化作业指导书（高压部分）》
44	营业业扩	分布式电源并网验收调试	只负责工作组织和资料验收、不操作电气设备		五级或四级	应按要求列入月/周计划	宜启用	现场作业工作卡或低压工作票	《分布式光伏并网服务现场标准化作业指导书》
45	营业业扩	低压业扩	现场勘查、竣工检验及送电	单一班组、单一专业，或作业人员不超过5人的风险等级不超过二级检修作业	五级或四级	应按要求列入月/周计划/日计划	宜启用	低压工作记录或其他作业形式（派工单、任务单、工作记录等）	《业扩报装服务现场标准化作业指导书（低压部分）》
46	营业业扩	分布式电源现场勘查	只负责现场勘查、不操作电气设备		五级	应按要求列入月/周计划	可不启用	现场作业工作卡	《分布式光伏并网服务现场标准化作业指导书》
47	营业业扩	高压新装现场勘查	只负责现场勘查和资料核对，不操作电气设备		五级	应按要求列入月/周计划	可不启用	现场作业工作卡	《业扩报装服务现场标准化作业指导书（高压部分）》
48	营业业扩	高压增容现场勘查	只负责现场勘查和资料核对，不操作电气设备		四级	应按要求列入月/周计划	可不启用	现场作业工作卡	《业扩报装服务现场标准化作业指导书（高压部分）》
49	营业业扩	高压中间检查（上门服务）	只负责现场隐蔽工程检查和资料核对，不操作电气设备		五级	应按要求列入月/周计划	可不启用	现场作业工作卡	《业扩报装服务现场标准化作业指导书（高压部分）》
50	营业业扩	地方电厂并网验收	只负责工作组织和资料验收、不操作电气设备		五级	应按要求列入月/周计划	可不启用	现场作业工作卡	《业扩报装服务现场标准化作业指导书（高压部分）》

续表

序号	工作分类	作业类型	作业场景	作业内容	作业风险等级	作业计划	作业监控（布控球）	现场作业记录形式	标准化作业指导书
51	用电检查	重要客户现场安全检查	不需要停电、不操作客户电气设备、无触碰带电部位的可能	单一班、单一组，或专业人员，作业人员不超过5人的风险等级不超过二级的检修作业	五级	应按要求列入月/周计划	可不启用	现场作业工作卡	《客户用电安全检查标准化作业指导书》
52	用电检查	周期检查、专项检查	不需要停电、不操作客户电气设备、无触碰带电部位的可能		五级	应按要求列入月/周计划	可不启用	现场作业工作卡	《客户用电安全检查标准化作业指导书》
53	用电检查	窃电、违约用电查处	不操作客户电气设备、无触碰带电部位的可能		五级	应按要求列入月/周计划	可不启用	现场作业工作卡或现场作业应电压等级下的工作票	《客户用电安全检查标准化作业指导书》《反窃电标准化作业指导书》
54	用电检查		窃电查处，在客户电源线路走廊和配电室（设备）核查、在计量装置处进行带电测量或停电检查		五级	应按要求列入月/周计划	可不启用	现场作业工作卡或现场作业应电压等级下的工作票	《客户用电安全检查标准化作业指导书》《反窃电标准化作业指导书》
55	用电检查	按政府要求协助重大活动相关客户开展巡视值守	不需要停电、不操作客户电气设备、无触碰带电部位的可能		五级	日计划	可不启用	现场作业工作卡	《客户用电安全检查标准化作业指导书》
56	综合能源	综合能效、多能服务、新能源（屋顶光伏）建设、智能运维	/	根据工作条件确定	五级或四级	日计划	可不启用	现场作业工作卡	《屋顶光伏建设标准化作业指导书》《多能服务标准化作业指导书》《智能运维标准化作业指导书》《用能监测标准化作业指导书》
57	电能替代	港口岸电、煤锅炉（窑炉）电能替代、制冷及采暖	/		五级或四级	日计划	可不启用	现场作业工作卡	相关《营销标准化作业指导书》

续表

序号	工作分类	作业类型	作业场景	作业内容	作业风险等级	作业计划	作业监控（布控球）	现场作业记录形式	标准化作业指导书
58	负荷控制	参照电能计量相关作业类型	参照电能计量相关场景	根据工作条件确定	五级或四级	应按要求列入月/周计划/日计划	宜启用	参照电能计量现场作业记录形式	《高压电能计量作业指导书》《专变采集终端（230M）装拆及验收标准化作业指导书》《专变采集终端（非230M）装拆及验收标准化作业指导书》
59	营销通用	使用其他书面记录或按口头电话命令执行	不需要停电、不存在接触带电部位风险的抄表催费、涉改编号等工作		五级	应按要求列入月/周计划/日计划	可不启用	其他记录形式（派工单、任务单、工作记录等）	相关《营销标准化作业指导书》
60	营销通用	客户产权归属的营销现场作业现场	在客户产权的变电站、发电厂、专变等电气设备工作且客户有较完善的电力现场作业安全管理机制		五级或四级	应按要求列入月/周计划/日计划	可不启用	配合客户完成工作票后留底或拍照上传	相关《营销标准化作业指导书》

附件 5　风险辨识与控制措施票

风险辨识与控制措施票

工作内容：＿＿＿＿＿＿＿＿＿＿＿　　　　　　编号：＿＿＿＿＿＿＿＿＿＿＿

风险辨识	控制措施
我声明对上述危险点和控制措施已清楚（全体工作人员签字）	
	工作负责人（监护人）：

附件 6 营销现场作业安全要求

营销现场作业安全要求

专业类别	作业要求
电能计量相关工作	变电站内计量验收等工作时，应要求施工方进行现场安全交底，做好相关安全技术措施，确认工作范围内的设备已停电，安全措施符合现场工作需要，明确送电部位。施工电源带电与不带电区域等
	进入施工现场，应注意人体与高压带电部分保持10kV以下电压等级0.7m，20~35kV电压等级1.0m，66~110kV电压等级1.5m，220kV电压等级3.0m的安全距离
	计量二次回路接线相关工作试验时，试验人员应具有试验相关专业知识，充分了解被试验设备和所用试验设备应合格有效，不得使用有缺陷及有可能危及人身或设备安全的设备。仪器的性能。试验设备
	通电试验过程中，试验监护人员不得中途离开
	试验电源应按级合理布置，相别、电压等级应合理布置，拆开的线应包好，并在明显位置设立安全标志
	在屏上拆接线时应在端子排外侧进行，禁止意防止误碰其他运行中的电流互感器二次回路开路及电压回路短路，接地
(新建) 输变电工程计量相关工作	计量二次回路上工作即在电能计量装置，采集终端等设备上，进行巡视、装拆、负荷测试、压降测试、校验、调试等工作，应按照下列要求执行： (1) 营销作业人员在现场工作过程中，凡遇到异常情况（如因二次回路短路、开路等情况引起相关设备误动作），不论与本身工作是否有关，应立即停止工作，保持现状，待查明原因后方可继续工作。 (2) 在全部或部分停电的运行屏（柜）上工作时，应确认与本运行设备无关时方可继续工作。 (3) 在继电保护装置，安全自动装置及自动化监控系统，电能计量装置二次回路上工作时，应采取防止运行中设备误动或短路的措施，二次回路开路或短路时，必要时向调控中心申请，经值班调度人员或运维负责人同意，将保护装置退出。上或就近进行打孔等振动较大的工作时，应 (4) 在电能计量装置二次回路屏间的通道上搬运或置上运试验设备时，不能阻塞通道，要与运行设备保持一定距离，防止事故处理时通道不畅。清扫二次回路时，防止误碰、防止振动、要使用绝缘工具。造成电压互感器二次回路短路或接地，电流互感器二次回路开路，相关运行设备保护误动作 (5) 电能计量装置做现场校验或一次通电时，应事先通知运维人员和其他有关人员，并由工作负责人或其指派专人到场监视，并填用二次工作安全措施票。 (6) 在带电的电流互感器二次回路上工作时，应采取下列安全措施： 1) 禁止将电流互感器二次侧开路（光电流互感器除外）。 2) 短路电流互感器二次绕组，应使用短路片或短路线，禁止用导线缠绕。 3) 在电流互感器与短路端子之间导线上进行任何工作，应有严格的安全措施，并填用二次工作安全措施票。 4) 工作中禁止将回路的永久接地点断开。

续表

专业类别	作业要求
	5) 工作时，应有专人监护，使用绝缘工具，并站在绝缘垫上。 (7) 在带电的电压互感器二次回路上工作时，应采取下列安全措施： 1) 严格防止电压互感器二次短路或接地。应使用绝缘工具，戴手套和护目镜。必要时，工作前申请停用有关保护装置、安全自动装置或自动化监控系统。 2) 接临时负载，应装专用的隔离开关和熔断器。 3) 工作时应有专人监护，禁止将回路的安全接地点断开。 (8) 计量二次回路通电或耐压试验时，应通知运维人员和其他有关人员，并派人到现场看守，为防止由一次侧向二次侧反充电，除应将二次回路断开外，还应取下电压互感器高压熔断器或断开电压互感器一次侧隔离开关。 (9) 在光纤回路工作时，应采取相应防护措施防止激光对人眼造成伤害。 (10) 校验电能表、电压互感器、电流互感器无关的检修断路器（开关）。 禁止在变电站内操作、拉合与工作无关的二次回路，保护连接片进行操作，防止误拆连接片进行操作，保护连接片进行操作，信号系统，保护连接片进行操作，防止误拆连接片进行操作。 (11) 电能计量装置指不同二次回路之间发生的电现象。 (12) 当打开箱（柜）门进行检查或操作时，应位至箱门侧面，避免箱门常引发的伤害。箱门开启后应采取有效措施对箱门进行固定，防止由于刮风或触碰造成箱门异常关闭而导致事故。
电能计量相关工作 （新建）输变电工程计量相关工作	高压互感器现场校验互感器现场主要包括各电压等级电压互感器、电流互感器。 高压互感器现场校验应按照如下要求执行： (1) 现场校验过程中，需要检修配合，应将检修工作票与高压试验工作票一并填写，但在校验得到应得到检修负责人的许可。如加压部分与检修部分之间有断开点，按校验电压与检修部分之间的安全距离，并在另一侧短路接地。可在断开点的一侧进行校验，另一侧可继续工作。但此时在断开点应挂有"止步、高压危险！"的标示牌，并设专人监护。 (2) 互感器现场校验工作不得少于三人。互感器现场校验的安全注意事项，交代工作注意事项，以及其他安全注意事项。校验负责人应由有经验的人员担任，开始试验前，校验负责人应向全体试验人员详细布置试验中的安全注意事项。 (3) GIS母线型电压互感器现场校验，母线未全部停电，代替最近邻同隔的带电部位，以及其他安全注意事项。严禁开展母线型电压互感器现场校验时，应确保安装型电压互感器与带电母线之间有两个以上断开点。每个开断点至少有两个不同同原理的指示均已同时发生对应变化的指示确定的指示确定。被检互感器与其他带电设备之间的距离不应小于安全规程规定的安全距离。 (4) 因校验需要断开设备接头时，拆前应做好标记，接后应进行检查。

续表

专业类别		作业要求
	（新建）输变电工程计量相关工作	（5）校验装置的金属外壳应可靠接地；高压引线应尽量缩短，并采用专用的高压试验线，必要时用绝缘物支持牢固。试验装置的电源开关，应使用明显断开的双极隔离开关，并加装过载电源串联开关，可在刀闸上误合以防止误分误合的低压回路中应有两个串联电源开关，并加装过载自动跳闸装置。 （6）校验现场应装设遮栏或围栏，遮栏或围栏与被校验设备高压部分应有足够的安全距离，被校设备两端不在同一地点时，另一端还应派人看守。并派人看守。 （7）检修电源的接拆必须有两人进行，一人操作，一人监护。 （8）加压前应对其校验接线，使用规范的短路线，并取得校验负责人许可，方可加压。调压器零位及仪表的开始状态均应正确无误，经确认无误后，重复、量程、检查电源合闸后，应悬挂"禁止分闸，有人工作！"的标识牌。加压过程中应有人监护并呼唱。互感器现场校验作业人员应全部加压时应站在绝缘垫上。 （9）高压试验用接地线必须用多股裸铜线和出芯试验瞬时电流要求，其截面应能满足试验短路要求，不得使用熔丝和短路线，放电，并将升压设备进行检查，恢复复校验前的状态。经试验负责人检查后，短路接地。应首先断开校验电源，其截面应能满足试验的高压引线为铜软绞线。 （10）变更接线或校验结束时，应首先拆除目装的接地短路线，并对被校校验设备进行检查，短路接地。 （11）校验结束时，校验人员应拆除目装设备的接地短路线，经试验负责人复查后，进行现场清理。
电能计量相关工作	电能表与采集终端的装拆、现场校验及相关工作要求	电能表、采集端装拆、调试时，宜断开各方面电源（含辅助电源）。若不停电进行，应做好绝缘隔离措施，防止误碰运行设备、误分闸 电源侧不停电更换电能表时，直接接入的电能表应将出线负荷断开，相对地短路、相间短路，电弧灼伤相进行手不具备停电能表插件的三相直接接入式电能表应停电进行。对 经互感器接入电能表的现场校验工作，应有防止电流互感器二次侧开路，电压互感器二次侧短路和防止相间短路，相对地短路，电弧灼伤的措施 现场校验应认清设备接线标识，设专人监护，工作完毕接电后要进行校核验，确保接线正确，接线时将螺钉紧固并充分接触
	互感器的装拆、现场校验及相关工作要求	互感器的安装、更换、拆除、现场校验应停电进行，一次侧有明显的断开点，二次回路断开，防止人员触电，防止反送电，有防止人员伤电的措施 电流互感器和电压互感器的二次绕组应有一点永久性的、可靠的保护接地。工作中，禁止将回路的永久接地点断开 低压电流互感器的二次回路及一次设备上确 互感器二次回路通电或耐压试验前，应通知运维人员和其他有关人员，并派专人到现场看守，无人工作后，方可通电

续表

专业类别		作业要求
电能计量相关工作	互感器的装拆、现场校验及相关工作要求	在带电的电流互感器二次回路上工作，应采取措施防止电流互感器二次侧开路。短路电流互感器二次绕组，应使用短路片或短路线，禁止用导线缠绕
		在带电的电压互感器二次回路上工作，应采取措施防止电压互感器二次侧短路或接地。接临时负载，应装设专用的隔离开关和熔断器
		在邻近带电电线路进行吊装作业时，应由专人指挥，分工明确，并注意吊臂回转半径引起的安全风险
	计量箱装拆及相关工作	金属计量箱、配电箱应可靠接地且接地电阻应满足要求。作业人员在接触运行中的金属计量箱前，应检查接地装置是否良好，并用验电笔确认其确无电压后，方可接触
		当发现计量箱、配电箱箱体带电时，应断开上一级电源将其停电，查明带电原因，并作相应处理
		高低压同杆架设时，在低压带电线路上计量装拆时，应先检查与高压线的距离。在低压带电导线未采取绝缘措施时，作业人员不准攀越。在不停电的计量箱上工作，应采取防止相间短路和单相接地的绝缘隔离措施，拆除导线的裸露部分后，应立即进行绝缘包裹，不得触碰导线的裸露部分
		对计量箱门进行检查或操作时，作业人员应站在计量箱门侧面，防范计量箱内设备异常。箱门开启后应采取有效措施对箱门进行固定
		公共区域内安装计量箱时，应可靠固定，并应注意与水、热、天然气等管线留有足够的安全距离
	实验室内计量工作	试验室内计量工作时，工作前应检查设备是否有可靠接地、电压、漏电保护装置正常。接线前应选择合适的量程并正确使用
		试验过程中更换接线以及试验结束时，应首先断开电源，再进行充分放电
		试验室内高压试验工作，应按照"电能计量相关工作（新建）输变电工程计量工程相关工作"相关要求执行
		计量自动化检定设备，应满足以下要求： (1) 自动化检定系统的外部金属部分，均应可靠接地。 (2) 在机器人、机械臂或机械单元应设置安全警示标识，并在可能接触到的可移动设备部位设置安全遮栏。 (3) 工频耐压试验单元应设置安全防护罩和门控开关，工作指示灯，接地极，防止人身触电开关，能够在紧急状态下通过断电方法立即停止设备运行。
		检定系统使用的非金属材料应具有阻燃性。使用的机械装置、电气装置等应符合国家相关标准要求
		工作人员进入自动化检定区域应穿工作服，并将长发盘起，防止卷入转动设备内。更换指针、表座等部位时应首先断开电源，确保互感器二次侧接线柱无电流后，方可进行操作
		调整互感器二次接线盘时，确保试验电流回零，并用万用表测试确认往柱无电流后，方可进入人
		进入立体库房巷道应佩戴安全帽，并切断堆垛机电源，待堆垛机静止后进入。检修完毕后应确认巷道内无其他人员或遗留杂物，方可启动堆垛机

续表

专业类别		作业要求
营业业扩相关工作	一般安全要求	业扩报装工作中，营销服务人员在公司产权设备范围内进行现场作业，应按照本规范第四章"工作票管理"相关要求，填用相应工作票
		业扩报装工作中，营销服务人员在非公司产权设备范围内进行现场作业，应填用现场作业工作卡
		工作必须由客户方或施工方熟悉环境和电气设备的人员配合进行；确认工作范围内的安全措施符合现场作业技术精度。要求客户方或施工方进行现场安全交底，做好相关安全技术交底
	业扩现场勘查	涉及多专业、多班组参与的项目，应由业扩负责人组织客户方或施工方对工作现场进行统一安全交底，明确职责，各专业负责落实相关安全措施和责任。业扩负责人应做好现场协调工作
		现场勘查人员应掌握带电设备的位置，与带电设备保持足够安全距离，误动、误登运行设备。工作中严格履行监护制度，严禁移开或越过遮栏，客户设备状态不明时，均应视为带电设备。不得进行与现场勘查无关的工作
	中间检查	中间检查过程中，应注意现场警示标识，掌握带电设备的位置，与带电设备保持足够安全距离，注意不要误碰、误动、误登运行设备，不得进行与中间检查无关的工作
	计量装置安装	计量装置安装应按照本表"电能计量相关工作—电能表与采集终端的安装、现场校验及相关工作要求"要求执行
		未经检验或检验不合格的客户受电工程，严禁接（送）电。严格履行客户设备送电程序，严禁新设备擅自投运或带电。发现违规自送电的客户受电工程，必须立即采取停电措施
	竣工验收及送电	送电前应采取措施防止形成交叉供电
		送电工作的组织： （1）涉及多专业、多班组参与的项目，由现场负责人牵头，各相关专业技术人员参加，确定现场总指挥，成立工作小组，拟定接（送）电方案。接（送）电工程，应成立启动委员会。电方案应事先告知客户。 （2）35kV及以上业扩工程，应制订切实可行的投运启动方案。所有高压设备投运前，必须明确投运现场负责人，由现场负责人组织开展安全交底和现场检查，配有自备电源和客户自备应急电源。35kV以下双电源、配有自备应急电源的客户设备部分运行时的投运可行交流可行，制订启动方案并按规定执行。成立投运工作小组，由现场负责人向客户方确认设备具备投运条件。不得进行与竣工验收及送电无关的工作
用电检查相关工作	一般安全要求	用电检查工作应填用现场作业工作卡（见附件2）。在按照有关法律法规开展用户侧用电检查（反窃查违）现场作业时，可不执行"双许可"制度，由供电方许可人许可后，即可开展用电检查相关工作

续表

专业类别		作业要求
用电检查相关工作	一般安全要求	到达检查现场后，应向客户表明身份，出示证件并说明来意，检查前应向客户了解现场安全情况，宜有客户电气负责人全程陪同
		检查人员进入现场检查，应核准现场设备运行情况，明确安全检查通道，用电检查过程中应与带电线路带电设备保持10kV以下电压等级0.7m，20~35kV电压等级1.0m，66~110kV电压等级1.5m，220kV电压等级3.0m的安全距离
		现场进行检查测试时，应实行工作监护制度，确保人身与设备安全。现场检查计量箱等带电设备时，应正确穿戴齐全且合格的劳动防护用品，检查高压带电设备时，不得强行打开闭锁装置
	客户设备巡视	特殊气候条件下，如雷雨、大雾、大风等天气时，现场检查人员应避免客户外设备巡视工作
		检查人员应避免直接触碰设备外壳，如需触碰，应在确保设备外壳可靠接地的条件下进行
		按政府部门要求协助重大活动相关客户开展巡视值守，应遵守本规程相关工作要求
	现场勘查	现场勘查时须核实设备运行状态，严禁工作人员擅自开启计量箱（柜）门或操作客户电气设备
	计量装置安装	计量装置安装应按照本表"电能计量相关工作—电能表集终端的装拆、现场校验及相关工作要求"要求执行
	并网验收	并网一般要求： (1) 接入高压配电网的分布式电源，并网点应安装易操作、具有明显开断指示、可闭锁、具有开断故障电流能力的开断设备。 (2) 接入低压配电网的分布式电源，并网点应安装易操作、并网点开断设备应有名称和编号，并报电网管理单位备案。 (3) 接入高压配电网的分布式电源客户进线开关，并网点开断线总开关，母线联络开关同应具备闭锁功能 (4) 装设干配电变压器低压母线处的反孤岛装置与低压装置同应具备操作闭锁功能
		分布式电源并网前，电网管理单位应对并网点设备验收合格，并通过协议约定双方明确安全责任和义务： (1) 并网点客户产权开断设备应由客户操作。 (2) 检修时，双方应相互配合做好并网停电检修的隔离、接地，加锁或悬挂基标识牌等安全措施，并明确并网点安全隔离方案
智能用电相关工作	充换电设备安装、调试及接入	分布式电源现场设备安装应符合有关标准、规定要求
		充电站建设、充电桩、整流柜等充换电设备带电前，本体外壳应可靠接地
		充换电设备准备启动时，其附近应设置遮拦及安全标识牌，并派专人看守

续表

专业类别		作业要求
智能用电相关工作	充换电站巡视	充换电设备巡视人员每组不应少于两人。火灾、雷电、地震、台风、洪水、泥石流等灾害发生时，若需对充换电设备巡视，应得到充电设施管理单位（部门）批准。巡视人员与派出部门之间应保持通信畅通
		巡视人员在巡视过程中发现充电机、充电桩外壳有漏电、设备响声异常、产生烟雾火花及严重缺陷时，应立即停止巡视，对充电桩进行断电处理，采取相应安全措施，并上报充电设施管理单位
		巡视过程中，巡视人员不得单独开启箱（柜）门、开启箱（柜）门前应验电
		巡视人员发现接地线和接地体连接不可靠或锈蚀严重问题，应立即上报，并停电进行现场处理，直至接地电阻重新测量合格，确保充电站接地系统良好
	充换电设备清扫保养	充换电设备清扫作业每组应不少于两人，设备清扫将充换电设备断电
		清扫充换电设备精密元器件时，应戴防静电手套，防止造成元器件损坏
		清扫风扇等设备时，严禁作业人员将手指伸入
		一体式充电机进行整流柜进线带电清扫时，应采取绝缘隔离措施防止相间短路或单相接地
	充换电站检修	检修工作时，拆开的引线，断开的线头应采取绝缘包裹等逆措施。因检修试验需要解开设备接头时，拆前应做好标记，接后应做好标记
		短路接地
		变更接线或试验结束，应断开试验电源
		抢修作业时，需断开充电机交流进线开关，并在进线设置隔离挡板，防止工器具或其他物体掉落引发短路故障
		充换电设备断电后，需等待2~3min，待充电机所有信号指示灯熄灭后，经验电确定无电后方可进行充电操作
	现场充（换）电服务	充电操作前，应检查设备是否运行正常，正在检修的设备上进行充电操作
		充电时应将充电枪完全插入充电口内，严禁在故障损坏、正在检修的设备仿旁
		充电时发生电池高温告警、充电模块高温告警等危及设备和人身安全的情况，应立即按下急停按钮，避免因雨淋漏电造成人身危害及警示
		巡视人员进行巡视工作时，应设专责监护人，严禁拔出正在充电的充电枪
		充换电完成后，应将充电枪归位及时归位，夜间应设警示红灯。
综合能源相关工作	综合能效	电缆安装及敷设： （1）在电缆沟等有限空间作业，应在作业入口处设专责监护人，坚持"先通风、再检测、后作业"的原则，出入口应保持通风畅通并设置明显的安全示标志，保持通风良好。

续表

专业类别		作业要求
综合能源相关工作	综合能效	（2）线盘架设应选用与线盘相匹配的放线架并架设牢稳平稳。放线人员应站在线盘的侧后方。当放到线盘上的最后几圈时，应采取措施防止电缆突然踢出。 （3）电缆敷设时，盘边距地面不得小于100mm，电缆转动力量要均匀，速度要缓慢平稳。 （4）电缆敷设应由专人指挥，统一行动，并有明确的联系信号，不得在无指挥信号时随意拉引，以防人员肢体受伤。 （5）电缆通过孔洞，管子或楼板时，两侧应设专人监护。入口侧应防止电缆被卡或手被带卡进入孔洞内，出口侧的人员不得在正面接引。 （6）电缆敷设时，拐弯处的作业人员应站在电缆外侧。 （7）电缆敷设时，临时打开的孔洞应做绝缘包扎处理，电缆穿入时应有专人接引，做好电缆及带电部分监护，核对完毕电缆芯线后应及时包扎好电缆芯线导体部分。 （8）进入带电区域内敷设电缆时，应取得运维单位同意，设专人监护，采取安全措施，保持安全距离，防止误碰运行设备，防止误碰运行设备运行电缆。 （9）电缆穿入带电的盘柜前，电缆端头应做绝缘包扎，应设专人监护，做好带电部分遮挡，以及屏、楼板、电缆竖井、柜、箱下部电缆孔洞同均应封堵。 （10）运行屏内进行电缆施工时，应做好专人接引，严防电缆及带电触及带电部分，设专人监护。 （11）电缆敷设经过的建筑场端、隔离墙、楼板、柜、箱下部电缆孔洞同均应封堵。 二次回路上的工作：涉及二次回路工作的工作应按照"电能计量工程相关工作（新建）输变电工程相关工作"要求执行 采集终端安装要求： （1）电能表、采集终端安装、调试时，宜断开各方面电源（含辅助电源）。若不停电时，应做好绝缘包裹等有效隔离措施，防止误碰运行设备，误分闸。 （2）电源侧不停电更换电能表时，直接接入的电能表应将出线负荷断开，相对地短路，电弧灼伤的措施。对于不具备接入电能表接插件的三相直接接入式计量箱，其三相直接接入式电能表应拆进行。 （3）经互感器接入电能表的装拆，现场校验的装拆，应有防止电能表二次回路短路，电压互感器二次侧开路，电压互感器二次回路相同短路、相对地短路，电弧灼伤的措施。 （4）现场校验时应认清导线接线标识，设专人监护，工作完毕接电后要进行检查核验，作业人员不得直接接触通信导线导体部分。 （5）对可能发生误碰危险的安装位置，应对拆下的通信线进行包裹，作业人员及相关位置。 互感器安装应按照"电能计量相关工作一互感器装拆，现场校验及相关工作"要求执行 能源服务网关安装： （1）网关箱体应具备良好的抗冲击，防腐蚀和防雨能力，并备有加封，加锁位置。 （2）网关接地线应以软导线与接地的金属构架可靠连接，软导线应选用4mm²及以上的单股多芯铜导线 调试检查：对可能发生误碰危险的安装位置，应将拆下的通信线用绝缘胶布进行包扎，作业人员不得直接接触通信线导体部分

续表

专业类别		作业要求
综合能源相关工作	多能服务	设备材料进场及设备安装： (1) 设备吊装前，操作人员应掌握设备的自重、平台受力情况等，起重指挥人员与汽车吊驾驶员及时沟通，出杆须仔细计算，避开周围建筑。 (2) 起重用各机具应经过安全检查，对于吊装的吊具、绳索、措施构件等应进行试吊，确认安全可靠后方可行吊装，防止断索、脱钩、失稳等安全事故的发生。 (3) 起吊作业时，无关人员不得接近吊装区域并设专人监护 管道、支架安装： (1) 作业过程中必须安全使用临时电源，应从指定电源处取电。 (2) 临时配电箱必须装有独立的漏电保护开关，电动工具共用一个电源开关，禁止多台焊机，一次线长一般不大于5m，周围应留有安全通道。 (3) 电焊机一次线开关装在便于操作的地方，二次线的接头应连接牢固，裸露接线柱必须装有完好的防护罩。 配电柜安装： (1) 配电柜安装时，作业人员应动作轻慢，防止振动，与运行设备柜相连固定时，不得敲打盘柜。 (2) 进入带电区域内敷设电缆时，应取得运维单位同意，采取安全措施，保持安全距离，设专人监护，防止误碰运行设备，不得踩踏运行电缆 设备调试： (1) 配电柜送电前，检查柜内接线正确，各分支开关处于分闸状态，送电后测量电压正常，中性线和接地线无电压。 (2) 单机测试前，必须经过检查方可上前检查。 (3) 单机测试时，设备急停按钮或者配电柜前必须配备应急操作人员，一旦发现设备故障或其他不安全现象，应立即停止设备运行的设备的设备运转部分周围设有妨碍物，运行启动时，设备启动前，运行站在设备周围，严禁人员站在设备周围，设或电源。 (4) 无生产负荷的联合运转及调试，应在设备单机试运转合格后进行。空调、供热水系统、监测与控制系统以及供能系统等应满足调试使用要求
	新能源（屋顶光伏）建设	光伏支架焊接： (1) 焊接时应穿戴护目镜、手套、工作服。 (2) 注意通风，应采取措施排除有害气体、粉尘和烟雾等。 (3) 正确接线后，必须经过检查方可上送电，并应有人监护。 (4) 使用前必须对电焊机的二次线及接头进行检查，合格后方能使用。 (5) 电焊机外壳必须按规定进行可靠接地。使用的电源必须带漏电保护装置，使用前必须检验验其可靠性

续表

专业类别		作业要求
新能源（屋顶光伏）建设		光伏组件安装： （1）作业开始时，应由两人将组件板抬于支架上，禁止单人挪用组件板，并按照图纸规划安放牢固。 （2）进行组件接线施工时，施工人员应正确使用安全防护用品，不得触碰金属带电部位。 （3）对组串完成但尚未接引条件的部位，应进行绝缘包裹。 （4）当组件有电流或具有外部电源时，不得连接或断开组件 在潮湿或风力较大的情况下，禁止进行安装或操作光伏组件 在屋顶及其他危险的边沿工作，临空一面应设安全网或防护栏杆，否则，作业人员应使用安全带 汇流箱安装前，应先对其内部各元件做绝缘测试 在安装汇流箱、交流并网电柜时，除接线端子外，不得接触机箱内部的其他部分
综合能源相关工作	智能运维	定期巡检： （1）严禁随意动用设备闭锁万能钥匙。 （2）发现设备缺陷及异常时，应及时汇报并采取必要应急措施，不得擅自处置。 （3）汛期、雨雪、大风等恶劣天气或事故巡视应配备必要的防护用具、自救器具和药品；夜间巡视应保持足够的照明 安装调试： 智能采集设备安装调试在电气设备二次系统上的工作参照"电能计量相关工作—电能表与采集终端的装拆、现场校验及相关工作要求"执行。 （1）智能采集设备安装宜停电进行，若不停电进行，应戴护目镜，并保持对地绝缘。在高压配电设备上工作时，应有防止误动的安全措施。 （3）所有未接地或未采取可靠隔离措施的设备都应视为带电设备，禁止直接触碰导体的裸露部分。 （4）智能采集设备安装调试工作中需带电接拆导线时，应先断开负荷，拆接导线后应确认导线与接触体的接触是否良好、牢固 设备检修与故障抢修： （1）相关容性、感性设备检修，试验前后应充分放电。 （2）设备检修工作中使用的检修电源的，应加装自动跳闸自动载过漏电保护装置及装设过载自动跳闸装置，使用自备发电机做检修电源的，应保证发电机接地点可靠接地。 （3）开关拉出后应将柜门锁闭，禁止擅自开启

续表

专业类别		作业要求
	港口岸电	工作过程中应与带电线路和设备保持10kV以下电压等级0.7m，20～35kV电压等级1.0m，66～110kV电压等级1.0m，220kV电压等级3.0m的安全距离
		巡视设备禁止变更检修现场安全措施，禁止改变检修设备状态。巡视过程中发现设备缺陷及时汇报并采取必要应急措施，不得擅自处置
		大雨雷电，大风大浪等恶劣天气禁止开展室外工作
		工作过程中，不准跨越船档，上岸、下船时应注意周围环境，防止踏空等意外情况发生
		临水工作时，应穿戴救生衣及防滑鞋，不得单人进行临水工作
电能替代相关工作	煤锅炉（窑炉）电能替代	现场收资调研勘查时，应按照本规范第三章安全组织措施"现场勘查制度"要求执行；为客户开展业扩报装时，应按照本表"营业扩"相关工作要求执行。工作过程中应由熟悉客户情况的客户人员陪同、全程陪同，使用巡检通道
		应避免直接触炉膛/窑体，烟道内的烟生、防止中毒
		应避免直接触锅炉/窑炉主蒸汽管道（或半成品），防止烫伤
		现场有压力容器时，应在熟悉现场环境有特种设备运维相关资质的人员陪同下进入现场
		锅筒、窑炉相关设备有明显变形、鼓包、泄漏时，不得进入现场工作
		不宜在锅炉/窑炉调试、检修、维护、保养等非正常运行工况时期进入现场
		涉及锅炉等特种设备，施工单位应具有相关许可证，将拟进行的特种设备安装、改造、重大修理情况告知当地政府负责部门并申请监督检验后，方可施工
		进入锅炉/窑炉设备内部作业时，应安排专人监护，同时应有可靠的联络措施，明确作业时间
		进入锅炉的锅筒/窑炉和潮湿烟道内工作应使用电灯照明，安全行灯电压不超过24V；在比较干燥的烟道内行灯电压不宜超过36V，不得使用明火照明
	电制冷采暖	开展现场调研勘查时，应按照本规范第三章安全组织措施"现场勘查制度"要求执行。增容时应按照本表"营业扩"相关工作要求执行
		当现场运行设备发生安全装置故障，压力表异常，阀门漏气等异常情况时，应查明原因，严禁直接开展工作
		现场作业时应注意检查制冷设备安全阀铅封标记是否损坏、是否发生泄漏等情况，作业现场严禁任意启封和调整安全阀
		现场作业发生安全阀起跳事件时，应紧急停机，待安全阀自动关闭后，再进行相应的检查和处理
负荷控制相关工作	参照电能计量相关作业类型	参照电能计量相关要求执行

附件7 作业计划填报信息一览表

作业计划填报信息一览表

本表内格式禁止调整，填写前请认真阅读工作簿【填写说明】

项目名称	电压等级	作业类型	作业内容	可能涉及的严重违章风险分析	作业风险等级	电网风险等级	是否带电	作业开始日期	作业结束日期
（样例如下）×供×× 110kV×× 变电站10kV 511××线 出线电缆绝缘试验	10kV（20kV）	生产检修改造	511××线出线电缆绝缘试验	可能涉及的严重违章有×条 1、××× 2、××× 3、×××	五级		否	2020-9-1	2020-9-1

作业地点（参照物二选一填写）

省/自治州/直辖市（行政区域）	地市/区	县	乡镇/街道	重点参照物	经纬度坐标
河北省	××市	××区	××镇	××加油站	119.2760，39.8774

建设管理单位（作业组织单位）	施工单位（作业实施单位）	施工单位类别（作业实施单位）	专业分包单位	劳务分包单位	监理单位	主业单位作业人数	外包单位作业人数	直属和省管产业单位人数
国网××市××区供电公司	国网××市××区供电公司	电网主业单位	无	无	无	3	0	0

施工单位负责人

姓名	手机号码
蔡×海	185335139××

到岗到位人员安排（仅三级及以上风险填写）

姓名	职务	手机号码	到位时间
向×戈	安全员	185033153××	1-9-2022 8：30

安全督查人员安排（仅三级及以上风险填写）

姓名	安排单位	手机号码	到位时间
史×长	××安监部	185335131××	2022-9-1 8：30

填报说明：该表格所有内容均为下周作业信息。

1. 本表格式禁止调整。禁止添加列，禁止调整列列的顺序，禁止插入空白行，禁止修改表头。
2. 【电压等级】【作业类型】【作业风险等级】【电网风险等级】【是否带电】【施工单位类别】必须从下拉菜单选择。
3. 【作业地点】的【重点参照物】和【经纬度】，可二选一填写。

4.【作业开始日期】【作业结束日期】的格式：2020/6/1。
5.【到位时间格式】：2020/6/5 9：00。
6.【作业计划名称】：请填写作业计划名称。
7.【计划内容】：请填写作业计划工作内容。
8.【经纬度坐标】：格式：经度，维度（如 111.4129，36.0941）。
9.【重点参照物】：请填写详细地点（如祥龙商务大厦 2 号楼必胜客）。
10.【建设管理单位】填写格式：国网×××供电公司。
11.【监理单位】非必填内容，有监理单位则填写，没有测空。
12.【施工单位】：请填写公司名称。
13.【主业单位到岗到位人数】【专业分包单位】【直属和省管产业单位则填空】：请填写公司名称。
14.【监理单位到岗到位人数】【劳务分包单位人数】【外包单位作业人数】填写格式：2020/6/5 9：00。填写整数。
15.建设单位到岗到位人数，安全督查人员安排填写人数，11位真实手机号（如13811221122）。

作业类型：①生产检修改造；②输变电工程；③配农网工程（仅统计10kV及以下新建工程；④装表接电；⑤业扩工程（仅统计进入公司生产经营区域作业的工程）；⑥迁改工程；⑦网络信息作业（信息和电力监控系统部署、检修、升级、消缺等）；⑧通信检修施工；⑨外部工程[包括：省送变电公司承揽的外省或系统外施工业务（仅统计进入用户内部的工程施工）；⑩发电检修改造；⑪发电基建工程；⑫综合能源项目；⑬设备租赁项目；⑭电工制造施工总承包项目；⑮充电桩工程；⑯小型基建工程；⑰其他。

附件 8 作业计划编制 "六优先、九结合" 原则

六优先	九结合
(1) 人身风险隐患优先处理。	(1) 生产检修与基建、技改，用户工程相结合。
(2) 重要变电站（换流站）隐患优先处理。	(2) 线路检修与变电检修相结合。
(3) 重要输电线路隐患优先处理。	(3) 二次系统检修与一次系统检修相结合。
(4) 严重设备缺陷优先处理。	(4) 辅助设备检修与主设备检修相结合。
(5) 重要用户设备缺陷优先处理。	(5) 两个及以上单位维护有关的线路检修相结合。
(6) 新设备及重大生产改造工程优先安排。	(6) 同一停电范围内有关高电压等级检修相结合。
	(7) 低电压等级设备检修与发电高电压设备检修相结合。
	(8) 输变电设备检修与电网检修相结合。
	(9) 用户检修与电网检修相结合

附件 9 营销现场作业安全管控流程

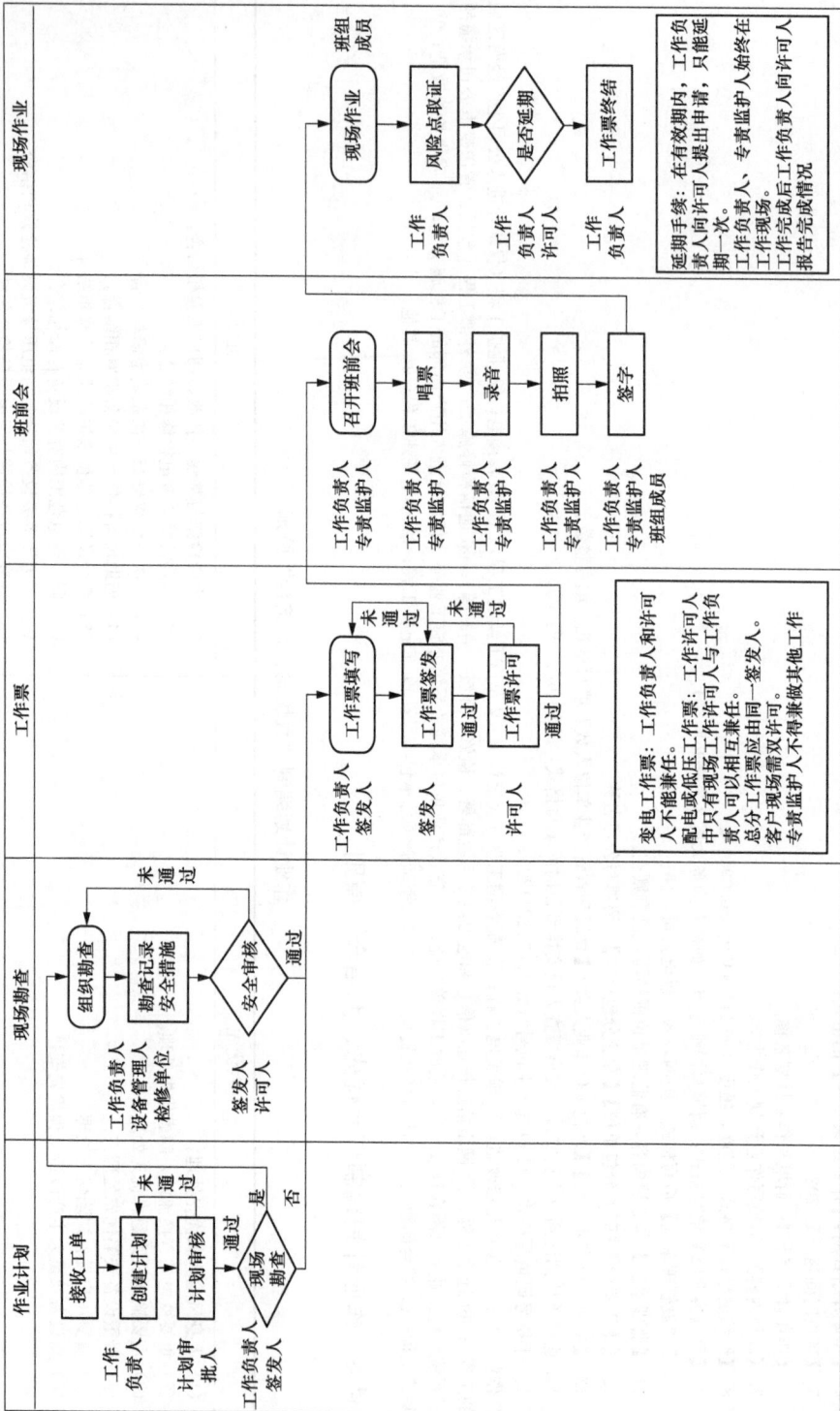

附件 10 营销线上化作业平台数据录入标准及要求

营销线上化作业平台数据录入标准及要求

序号	项目	录入字段及操作路径	录入标准及要求	示例及录入注意事项
1		项目名称	组织单位＋台区或用户名称＋作业内容	示例一：承供固场县 220kV 木兰变电站 2216 木兰线互感器现场检验。示例二：唐供涞州市×××公司电能表安装。示例三：廊供固安县柳泉村二台区 3811-5 号杆 8 号表箱张××电能表更换
2		电压等级、作业类型、作业内容	选择相应内容、自动带出	此项应系统绑定、自动带出
3		危险点及分析	选择相应内容、自动带出	此项应系统绑定、可自行编辑
4		作业风险等级、电网风险等级	选择相应内容、自动带出	此项应系统绑定、自动带出
5		是否带电	系统内点选	根据现场作业实际情况、点选是否带电工作
6	作业计划	作业时间	作业开始日期、作业结束日期。填写格式为为式：2020/6/1	应统筹考虑合理安排，按月计划、周安排、日管控的工作机制，严格执行，禁止随意更改和增减计划。特殊情况需加急或者变更作业计划的，应按专业要求履行审批手续后方可实施
7		作业地点、建设管理单位、施工单位、施工单位类别、劳务分包单位、专业分包单位、监理单位	系统内点选	—
8		作业人数	主业单位作业人数、外包单位作业人数、直属和省公司产业单位人数	应正确填写相关信息
9		施工单位负责人	姓名、手机号码	应正确填写相关信息
10		到岗到位人员安排	姓名、职务、手机号码、到位时间。时间填写格式为为：5/6/2020 9:00	应正确填写相关信息
11		安全督查人员安排	姓名、安排单位、手机号码、到岗时间。时间填写格式为：5/6/2020 9:00	应正确填写相关信息

续表

序号	项目	录入字段及操作路径	录入标准及要求	示例及录入注意事项
12	现场勘查	需要停电的范围	录入需要停电的地点及设备等，如无须停电，则填写无	示例：2211 闸隔离停电
13		保留的带电部位	录入需要保留的带电部位	应正确填写相关信息
14		作业环境、条件	录入邻近线路、多电源、自备电源、地下管线设施和作业现场相关的环境、条件	应正确填写相关信息
15		风险点及安全措施	根据现场环境、条件，编制相关的危险点，并提出针对性的安全措施和注意事项	应正确填写相关信息
16		上作作业条件，环境照片	现场勘查时拍摄现场的照片应该图像清晰、像素饱满、位置对应、场景完整，重点部位明显	应注意照片质量，确保符合要求
17		勘查人员	人员进行人脸识别或签名。人脸识别以程序识别通过为准；签名时需要鉴本人签名，签全名，字体要工整	—
18	工作票（卡）	工作票类型	根据现场作业实际情况点选工作票类型	—
19		班组成员	每个班组成员点击自己名字进行人脸识别或签名。人脸识别以程序识别通过为准，要签全名，字体要工整	—
20		专责监护人	监护人进行人脸识别或程序识别通过为准。签名时需要鉴本人签名，要签全名，字体要工整	—
21		工作计划时间、工作内容、工作地点、工作条件、风险点及防范措施	选择相应内容，自动带出	此项应系统绑定，自动带出
22		签发退回	要写退回原因及修改建议	示例：风险点缺失，需要补充
23		签发人补充风险点及防范措施	签发人需复核对风险点与防范措施，确认是否正确、全面，可修改或增加风险点与防范措施。工作票许可时，分许可不在现场和不在现场两种情况	签发人可以使用指纹识别或者人脸识别进行验证，验证通过后工作票签发成功。不在现场签发，应过电话签发，应对电话录音

续表

序号	项目	录入字段及操作路径	录入标准要求	示例及录入注意事项
24		许可退回	要写退回原因及修改建议	示例：风险点缺失，需要补充
25		许可人补充风险点及防范措施	许可人需要核对风险点防范措施，确认是否正确、全面，许可人可修改或增加风险点与防范措施。工作票许可时，分许可人在现场和不在现场两种情况	许可人可以使用指纹识别或者人脸识别进行验证、验证通过后工作票签发成功。不在现场时通过电话签发，应对电话录音
26	工作票（卡）	工作接收	针对签发人补充内容，需要工作负责人接收，对标颜色的文字应格外注意	注意：红字为修改内容
27		"双许可"制度	在客户侧现场作业时，应执行工作票"双许可"制度。由供电方和客户方双许可后，方可开展客户侧相关工作	供电方和客户方签名，应签全名、字迹工整
28		延期	须填写延期的申请原因、计划延期时间	—
29		终结	拍摄现场恢复照片	应注意照片质量，确保符合要求
30	班前会	录音	由工作负责人进行现场交底，并进行录音。录音内容应包含：工作地点、工作任务、班组成员工作安排，应注意危险点及防范措施（宣读工作票及危险点分析控制单）	—
31		签名	签名可点击自己名字进行人脸识别或签名。人脸识别以程序识别通过为准。签名时需要班组成员本人签字，要签全名、字体工整	—
32		拍照	由工作负责人拍照，所有班组成员站成一排，站在工作现场或操作对象旁边，应规范佩戴安全帽、防护手套、规范衣着；班组成员精神面貌需良好	—
33	风险点及安全措施取证	高空作业	一照片中应包含各作业人员正确使用安全带、脚扣、绝缘梯且绝缘梯正确竖靠在计量箱（柜）旁边车固物体上，并有专人扶持	工作票填用时选择该风险点及防范措施需逐一拍照取证

续表

序号	项目	录入字段及操作路径	录入标准及要求	示例录入人注意事项
34	风险点及安全措施取证	误碰带电设备	照片包含安全防护用品及安全工器具；检验包含使用前，需碰触及电气一次、二次设备时，照片中需包含使用前，低压验电器过程措施	工作票填用时选择该风险点及防范措施需逐一拍照取证
35		金属柜门验电	照片中应有对计量箱（柜）的验电操作	工作票填用时选择该风险点及防范措施需逐一拍照取证
36		箱（柜）门固定	照片中应包含计量箱（柜）门的固定措施。金属柜门验电后，对柜门牢固程度检查照片	工作票填用时选择该风险点及防范措施需逐一拍照取证
37		防电弧灼伤	照片中应包含工作人员穿绝缘鞋和全棉长袖工作服，并佩戴防护手套、安全帽和护目镜，同时要使用绝缘垫	工作票填用时选择该风险点及防范措施需逐一拍照取证
38		带电作业	照片中应包含作业位置与带电部位、导线裸露部分的绝缘包裹，作业人员需正确佩戴和使用安全防护用品和工器具	工作票填用时选择该风险点及防范措施需逐一拍照取证
39		连接错误或接触不良	照片中应包含正确的导线与接线端钮连接情况	工作票填用时选择该风险点及防范措施需逐一拍照取证
40		悬挂作业警示牌	照片中开关断开且在手开关操作把手上均应悬挂"禁止合闸，有人工作！"的标识牌	工作票填用时选择该风险点及防范措施需逐一拍照取证
41		气体中毒	照片中应包含通风口，氧含量仪和 SF_6 气体泄漏报警仪数据值在正常范围内	工作票填用时选择该风险点及防范措施需逐一拍照取证
42		防燃防爆	照片中作业人员应穿防静电工作服，禁止拨打电话及禁止烟火的警示牌	工作票填用时选择该风险点及防范措施需逐一拍照取证
43	监督检查	是否违章	选择是否违章	应正确填写相关信息
44		违章类型	选择项：管理违章、行为违章、设备违章	应正确填写相关信息

续表

序号	项目	录入字段及操作路径	录入标准及要求	示例及录入人注意事项
45		违章等级	选择项：一般等级、严重等级	应正确填写相关信息
46		违章人员	选择该项工作违章的人员	应正确填写相关信息
47		整改负责人	系统自动带出工作负责人	—
48		违章描述	详细描述违章行为，"写清楚哪一项有什么违章	示例：工作票不按规定签名
49	监督检查	违章照片	从检查流程中截取能够证明违章的照片，支持格式jpg/jpeg/png/gif，单个文件最大10M，最大支持8个附件	—
50		检查结论	违章时自动判别为"较差"，未违章时应根据实际情况选择"较好"或"一般"	应正确填写相关信息

附件 11 地市（区县）供电公司营销部安全管控工作检查指导卡

地市（区县）供电公司营销部安全管控工作检查指导卡

督查单位：

督查日期：　　　　　　　　　　　　　　　　督查人员（签字）：

检查内容		资料提供	检查结果	问题描述
1. 安全生产责任制		安全生产责任清单（部门、岗位）	部门责任清单（　）份、本部门共（　）人，岗位责任清单（　）份	
		安全生产承诺书（部门、个人）	部门承诺书（　）份、本部门共（　）人，承诺书（　）份	
		上级下发规章制度、规程、文件清单	存档文件（　）个	
		落实上级文件制订相关安全管理要求及措施	下发管理措施（　）个	
		地市（区县）供电公司营销安规年度培训计划	年度培训（　）次	
2. 安全教育培训		安全专题活动	开展专题安全日活动（　）次	

续表

检查内容	资料提供	检查结果	问题描述
3. 作业安全管控	地市（区县）供电公司营销作业计划管控工作	作业计划（包括周安排、日管控）管控（ ）个	
	现场督查记录（线上、线下），问题清单及整改措施	督查现场线上（ ）个、线下（ ）个	
4. 安全生产专项行动	春（秋）季安全大检查、各类专项检查、安全生产巡查、隐患排查等落实文件、问题清单、整改记录	开展专项活动（ ）次、制订工作方案（ ）个、排查隐患（ ）个、整改隐患（ ）个	

附件12 营销专业班组（供电所）安全管控工作检查指导卡

营销专业班组（供电所）安全管控工作检查指导卡

督查单位：

督查日期：

督查人员（签字）：

检查内容	资料提供	检查结果	问题描述
1. 安全生产责任制	安全生产责任清单（班组、岗位）	班组（ ）责任清单、本班组共（ ）人、岗位责任清单（ ）份	
	安全生产承诺书（班组、个人）	班组（ ）承诺书、本班组共（ ）人、承诺书（ ）份	
	上级下发规章制度、规程、文件清单（电子版清单、纸质版制度等）	存档文件（ ）个	
2. 安全教育培训	班组安全培训计划及实施相关资料（电子版或纸质）	班组年度计划（ ）份、月度培训（ ）次	
	职工个人安全教育培训档案（包括省管产业人员）	职工个人安全教育培训档案（ ）份	

续表

检查内容	资料提供	检查结果	问题描述
2. 安全教育培训	安全日活动记录（学习资料、签到）纸质一查询安全一体化平台	周安全日活动记录、签名（ ）份	
	新入职、转岗人员培训记录及试卷（纸质）	新入职、转岗人员培训记录（ ）份、试卷（ ）份	
3. 作业安全管控	营销作业计划（电子或纸质版）（系统查询）	按督查组要求提供	
	现场勘查记录、风险评估、三措一案（电子版或纸质版）	按督查组要求提供	
	工作票（营销现场作业工作票、现场作业工作卡）（系统内或纸质版）	按督查组要求提供	
	班前、班后会记录（电子或纸质版）	按督查组要求提供	
	台账、领用记录（出入库记录）、报废记录（电子版或纸质版）	按督查组要求提供	
4. 安全工器具管理	试验记录（周期性预防性试验、自检）（电子版或纸质）	按督查组要求提供	
5. 安全生产专项行动	落实春（秋）季安全大检查、各类专项检查，安全生产巡查、隐患排查等问题清单、整改记录	问题清单（ ）个、整改（ ）个	
6. 作业现场检查情况	详见营销现场作业检查记录卡		

附件 13　营销现场作业检查记录卡

营销现场作业检查记录卡

基本信息	被查单位（班组）			
	作业地点		检查时间	
			作业任务	
	专业分类		电能计量□　智能用电□　电能替代□　用电检查□　营业扩□　综合能源□　负荷控制□	

作业现场检查重点内容	作业计划在系统中发布了　是□　否□	针对作业任务开展了班组承载力分析　是□　否□	
	作业内容与作业计划一致　是□　否□	班组承载力分析：班组人员是否能承担作业任务，是否符合安规和作业指导书要求	
	开工前按要求进行了安全交底　是□　否□	安全交底：负责人和班组成员对于作业安全的相关信息进行沟通和交流，确保作业安全	
	检查作业人员	正确佩戴安全帽　是□　否□ 正确穿安全帽长和工作服和绝缘鞋　是□　否□ 清楚作业任务　是□　否□ 清楚作业程序　是□　否□ 清楚作业危险点　是□　否□ 清楚班组成员安全措施　是□　否□	

现场检查情况	工作票	使用种类	变电第一种工作票□　变电第二种工作票□　配电第一种工作票□　配电第二种工作票□　低压工作票□　现场作业工作卡□　配电工作任务单□
		工作票填写及执行符合规范要求	工作票填写规范　是□　否□ 工作票内容与作业内容一致　是□　否□ 工作票时间与作业时间对应　是□　否□ 风险辨识与实际作业风险相关　是□　否□ 工作票中安全措施实施已执行　是□　否□ 工作票中人员与现场作业人员一致　是□　否□ 签发人、负责人、许可人、工作班成员签字规范　是□　否□
		问题详述	
	技术措施	技术措施落实情况	正确停电　是□　否□ 正确验电　是□　否□ 正确接地　是□　否□ 正确悬挂标示牌和装设遮栏（围栏）　是□　否□
		现场使用规范情况	标识牌样式符合规定　是□　否□ 正确采取反送电措施　是□　否□ 围栏（遮栏）安装使用符合规定　是□　否□
		问题详述	
	工器具	保管及使用情况	现场作业机械机具、安全工器具合格　是□　否□
		工器具使用规范	是□　否□
	现场违章详细描述		

签字确认	工作负责人确认（签字）	检查人员（签字）

附件 14　作业现场到岗到位记录表

作业现场到岗到位记录表

工作票编号：

现场作业单位		检查时间	
到位人员姓名		到位人员职务	
主要工作内容			
检查内容及存在问题			
改进意见及建议			
到岗人员（签字）			
工作负责人（签字）			

填报说明：

1. 存在问题原则上不能直接写"无"，确无问题的则应对工作现场进行总体评价。

2. 无工作票的现场可不填写到岗到位记录表，但应在有关工作记录上签字。

3. 本记录表一式两份，一份由到岗人员交所在部门、单位保管（可电子留存），一份交由现场负责人与工作票共同保存一年。

第一章 电 能 计 量

案例 1. 高压互感器投运前现场校验

【案例说明】 高压互感器投运前现场校验是营销现场作业中较为常见的工作，工作内容是检查互感器接线，开展互感器极性和误差试验。本案例旨在展示高压互感器投运前现场作业的安全管控措施和安全管控要求，为广大营销一线员工安全可靠地做好这项工作提供参考和借鉴。案例适用于高压互感器投运前现场校验作业。

【主要流程】 高压互感器投运前现场校验工作主要包括以下步骤：任务接受、现场勘查、工作前准备、现场开工、外观及标志检查、绝缘试验、退磁、绕组极性检查及误差测量、稳定性试验、运行变差试验、磁饱和裕度试验、收工、资料归档，流程图如图 2-1-1 所示。

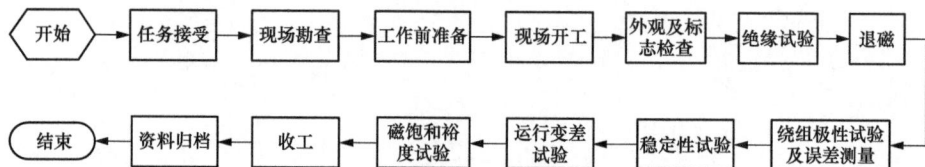

图 2-1-1　高压互感器投运前现场校验工作流程图

【步骤详述】

1. 任务接受

根据检验计划，在营销业务应用系统中接受工作任务派工。工作人员应妥善保管系统账号及密码，做好安全管理。

2. 现场勘查

（1）为保障现场作业安全进行，工作前需进行现场勘查工作，因勘查工作需要开启电气设备柜门或操作电气设备时，应执行工作票制度，将需要勘查设备范围停电、验电、挂接地线、设置遮栏（围栏）并悬挂标示牌后，经履行工作许可手续，方可进行开启电气设备柜门或操作电气设备等工作。

（2）工作票签发人或工作负责人组织现场勘查，安全、技术等相关人员参加。查看互感器是否安装到位、现场工况是否满足试验条件，了解停电试验时间，并提出安全措施和注意事项，如图 2-1-2 所示。

图 2-1-2 现场勘查

（3）现场勘查后，将勘查记录送交工作票签发人、工作负责人及相关各方，作为填写、签发工作票等的依据。

3. 工作前准备

（1）工作预约。提前联系客户或厂站管理方，核对被试互感器形式和参数，了解互感器安装位置，约定现场检验时间，防止因安全措施未落实或落实不到位，引起人身伤害和设备损坏。

（2）办理工作票签发。依据工作任务填写工作票，办理工作票签发手续。检查工作票所列安全措施是否正确完备，应符合现场实际条件。防止因安全措施不到位引起人身伤害和设备损坏。

（3）领取材料。凭工作单领取相应材料及封印等，并核对所领取的材料是否符合工作单要求。核对材料、封印等信息，避免错领型号、规格不符的材料造成安全隐患。

（4）检查试验设备及工器具。检查互感器校验仪是否符合检验要求、工作是否正常。选用合格的安全工器具，检查工器具应完好、齐备，绝缘应良好，避免使用不合格工器具导致电气、机械伤害。

4. 现场开工

（1）办理工作票许可。告知客户或厂站有关人员，说明工作内容。办理工作票许可手续。会同工作许可人检查现场的安全措施是否到位、危险点预控措施是否落实，防止因安全措施未落实或落实不到位引起人身伤害和设备损坏。

（2）检查确认安全技术措施。高、低压设备应根据工作票所列安全要求，落实安全措施。涉及停电作业的应实施停电、验电、挂接地线或合上接地开关、悬挂标示牌后方可工作。工作负责人应会同工作票许可人确认停电范围、断开点、接地、标示牌正确无误。工作负责人在作业前应要求工作票许可人当面验电；必要时工作负责人还可使用自带验电器（笔）重复验电。应在作业现场装设临时遮栏（围栏），将作业点与邻近带电间隔或带电部位隔离。工作中应保持与带电设备的安全距离。电流互感器二次有关保护回路应退出。

（3）登高作业安全工作措施。如需登高作业，应使用合格的登高用安全工具。绝缘梯应符合安全要求，使用时应设置专人监护。梯上高处作业应系上安全带，防止高空坠落，严禁低挂高用。登高作业时应加强监护，避免误入带电间隔。

（4）班前会。检查着装是否规范、个人防护用品是否合格齐备、人员精神状态是否良好。交代工作内容、人员分工、带电部位和现场安全措施，进行危险点告知和技术交底，并履行签名确认手续，防止因危险点未告知和工作班成员状态欠佳，引起人身伤害和设备损坏，如图 2-1-3 所示。

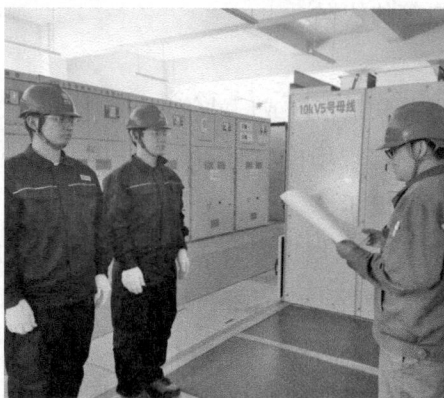

图 2-1-3　班前会

（5）资料核对。做好相关信息更正维护，防止误入带电间隔触电。

（6）检查确认试验外部条件。被试电流互感器一次侧与其他现场高压带电设备应有明显断开点，安全距离应符合电力安全工作规程的规定。检查断路器、隔离开关的操作电源是否断开，确保被试电压互感器接线和试验时和其他设备相距大于安全距离。

5. 外观及标志检查

（1）确认断开电源并验电。使用验电笔（器）对计量柜（箱）金属裸露部分进行验电。确认电源进、出线开关已断开且能观察到明显断开点，对于无法观察到明显断开点的设备，应有两个及以上非同样原理或非同源的指示均已同时发生对应变化，才能确认该设备已无电。使用验电笔（器）再次进行验电，确认互感器一次进出线等部位均无电压后，装设接地线。工作人员应使用相应电压等级、合格的验电器，高压验电应戴绝缘手套、穿绝缘靴。

（2）外观及标志检查。检查设备外观是否损伤、绝缘套管是否清洁、有无铭牌或铭牌标志是否完整，如图 2-1-4 所示。

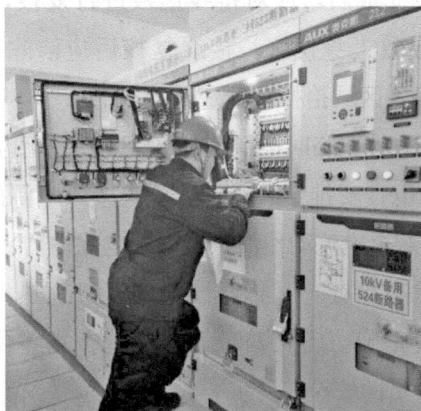

图 2-1-4　外观及标志检查

6. 绝缘试验

（1）确认被检电流互感器二次回路已断开。二次回路辨识正确，防止拆错端子。断开被检电流互感器二次连片，防止电流互感器二次回路开路，确保计量回路独立安全可靠且不影响其他回路。

（2）绝缘电阻测定。加强监护，防止接线误碰导致人身触电，防止操作不当导致设备损坏。避免误入带电间隔，测量绝缘电阻后要放电，如图 2-1-5 所示。

图 2-1-5　绝缘试验

7. 退磁

加强监护，退磁过程中，任何人不得进入试验区域。

8. 绕组极性检查及误差测量

（1）试验接线。试验接线前应对被试互感器放电，接线时保持和相邻带电部位的安全距离，接线完成后，应对接线逐根进行复核，防止电流互感器二次回路开路或接触不良导致人身伤害。接线复核后应清除试验区域内无关物品，防止试验时无关人员闯入区域拾捡，造成人身伤害。

（2）试验电源接线。接取临时电源时戴护目镜、手套，穿绝缘鞋。接触金属箱（屏、柜）前应先验电，安排专人监护。检查接入电源的线缆有无破损、连接是否可靠。检查电源盘剩余电流动作保护器（漏电保护器）工作是否正常。

（3）开机预热与状态检查。互感器校验仪开机预热，并检查工作状态是否正常，测试挡位要设置正确。确认调压器转盘是否在零位、隔离开关是否处于分闸位置，保障工作人员的安全。

（4）绕组极性检查。互感器校验仪二次电流挡位设置正确，防止升压看错百分比、过流损坏设备等伤害。

（5）基本误差测量。防范升流控制器复位不完全或电源未断开造成的人身伤害，如图 2-1-6 所示，试验数据图如图 2-1-7 所示。

图 2-1-6　误差试验

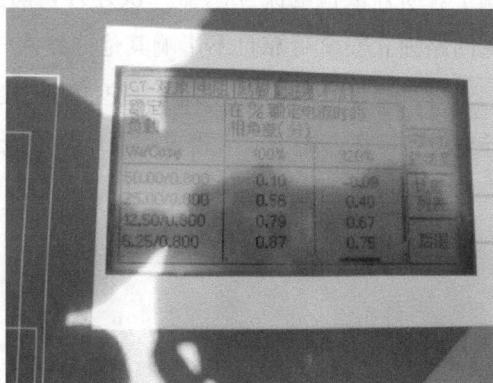

图 2-1-7　试验数据图

（6）降流、关闭试验电源。防范升流控制器复位不完全或电源未断开造成的人身伤害。

9. 稳定性试验、运行变差试验、磁饱和裕度试验

应防止接线过程中误碰带电体导致人身触电以及操作不当导致设备损坏。

10. 收工

(1) 拆试验导线。拆线时保持和带电部位的安全距离，防止发生人身触电。

(2) 恢复、清理现场。恢复被试互感器二次接线并复核正确。避免遗留工具、物品在现场或者互感器上造成安全隐患。

(3) 现场收工。

(4) 办理工作票终结手续。

11. 资料归档

高压互感器投运前现场校验工作结束后，将相关安全资料由专人妥善存放，并及时归档。

案例 2. 高压装表接电

【案例说明】 高压装表接电是营销现场作业中较为常见的工作，工作内容是检查电压互感器和电流互感器接线，开展电压互感器和电流互感器极性和误差试验，安装电能表和负荷控制终端，送电后检查电能表和负荷控制终端运行状态，安装计量封印。本案例旨在展示高压装表接电现场作业的安全管控措施和安全管控要求，为广大营销一线员工安全可靠地做好这项工作提供参考和借鉴。案例适用于高压三相三线和三相四线电能表现场安装作业。

【主要流程】 高压装表接电工作主要包括以下步骤：任务接受、现场勘查、工作前准备、现场开工、新装作业、收工、资料归档，流程图如图 2-1-8 所示。

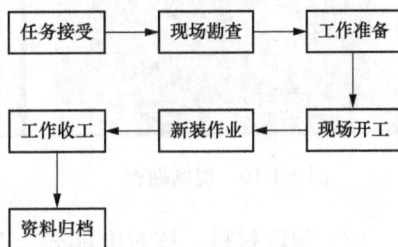

图 2-1-8　高压装表接电工作流程图

【步骤详述】

1. 任务接受

工作人员登录现场作业终端，进入营销现场作业平台，录入工作票相关信息，并发送给签发人账号，如图 2-1-9 所示。工作人员应妥善保管系统账号及密码，不得随意授予他人，禁止在管理信息内、外网之间交叉使用。计算机端应安装防病毒、桌面管理等安全防护软件。

2. 现场勘查

勘查时必须核实设备运行状态，严禁工作人员未履行工作许可手续擅自开启电气设备柜门或操作电气设备。在带电设备上勘查时，不得开启电气设备柜门或操作电气设备，勘查过程中应始终与设备保持足够的安全距离。对运行时

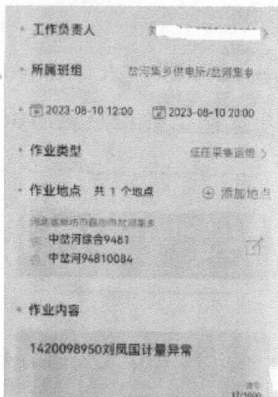

图 2-1-9　录入作业计划

间较长且未安装牢固的杆上柜（箱、屏），应在停电并采取固定措施后操作；当打开计量箱门进行检查或操作前，应站位至箱门侧面，防范箱内设备异常引发爆炸带来的伤害。箱门开启后应采取有效措施对箱门进行固定，防范由于刮风或触碰造成箱门异常关闭而导致的事故，如图 2-1-10 所示。

3. 工作准备

（1）办理工作票签发。检查工作票所列安全措施应正确完备，符合现场实际条件。防止因安全措施不到位引起人身伤害和设备损坏，如图 2-1-11 所示。

图 2-1-10　现场勘查

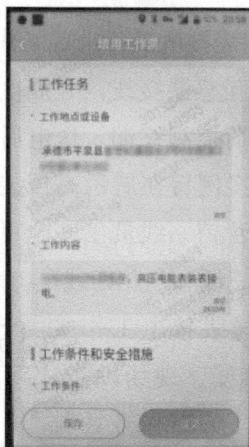

图 2-1-11　工作票签发

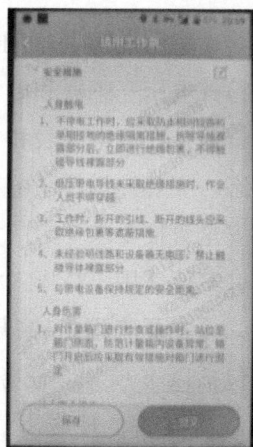

（2）领取材料。核对电能表、互感器、封印信息，避免领错导致型号规格不符，造成安全隐患。

（3）检查工器具。工作班成员选用合格的安全工器具，检查工器具是否完好、齐备，避免使用不合格工器具引起电气、机械伤害。

4. 现场开工

（1）办理工作票许可。工作负责人会同工作许可人检查现场的安全措施是否到位，检查危险点预控措施是否落实，防止因安全措施未落实引起人身伤害和设备损坏。同一张工作票，工作票签发人、工作负责人、工作许可人三者不得为同一人。

（2）检查并确认安全工作措施。工作负责人根据工作票所列安全要求，逐项落实安全措施。涉及停电作业的应实施停电、验电、挂接地线或合上接地开关、悬挂标示牌后方可工作，并在计量装置处放"在此工作"标示牌。工作负责人应会同工作许可人确认停电范围、断开点、接地、标示牌正确无误。工作负责人在作业前应要求工作许可人当面验电；应在作业现场装设临时遮栏，将作业点与邻近带电间隔或带电部位隔离，工作中应保持与带电设备的安全距离，如图 2-1-12 所示。

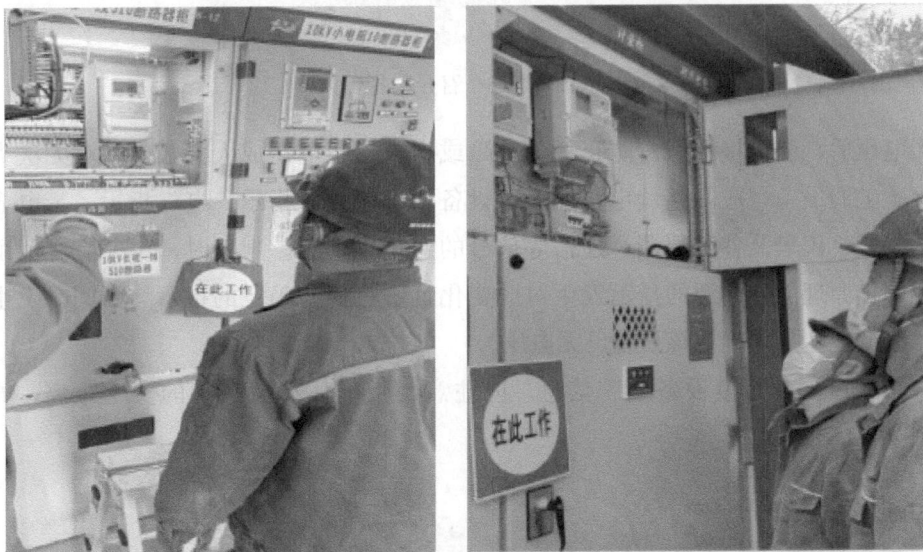

图 2-1-12 采取安全措施

（3）登高作业安全工作措施。如需要登高作业，应使用合格的登高用安全工具。绝缘梯应符合安全要求，使用时应设置专人监护。梯上高处作业应系上安全带，防止高空坠落，严禁低挂高用。登高作业时应加强监护，避免误入带电间隔。

（4）班前会。工作负责人、专责监护人检查着装是否规范、个人防护用品是否合格齐备、人员精神状态是否良好；交代工作内容、人员分工、带电部位和现场安全措施，进行危险点告知，进行技术交流，并在掌机中履行签字手续，如图 2-1-13 所示。

5. 新装作业

（1）确认断开电源并验电。核对作业间隔；使用验电笔（器）对计量柜（箱、屏）金属裸露部分进行验电；确认电源进、出线开关已断开且能观察到明显断开点；使用验电笔（器）再次进行验电，确认互感器一次进出线等部位均

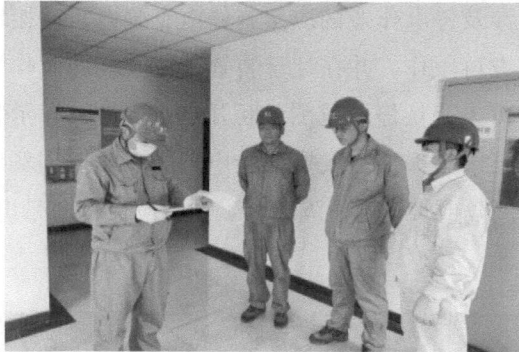

图 2-1-13　召开班前会

无电压后，装设接地线。防止开关故障或客户反送电造成人身触电。对无法直接验电的设备，应间接验电，即通过设备的机械位置指示、电气指示、带电显示装置、仪表及各种遥测、遥信等信号的变化来判断。判断时，至少应有两个非同样原理或非同源的指示发生对应变化且所有这些确定的指示均已同时发生对应变化，方可确认该设备已无电压。

（2）核对计量设备铭牌信息。应注意与带电体保持一定的安全距离，如图 2-1-14 所示。

图 2-1-14　核对信息

（3）现场作业。检查确认计量柜（箱、屏）完好，符合安全规范要求。所有布线要求横平竖直、整齐美观、连接可靠、接触良好。导线应连接牢固，螺栓拧紧，导线金属裸露部分应全部插入接线端钮内，不得有外露、压皮现象。测量绝缘电阻时防止发生触电事故，接线造成电压互感器二次回路短路或接地和电流互感器二次回路开路，多抽头的电流互感器严禁将剩余的端钮短路或接地。

（4）安装检查。对电能表安装质量和接线进行检查，确保接线正确，符合安全标准。检查互感器是否安装牢固，一、二次侧连接的各处螺钉是否牢固，接触面应紧密，二次回路接线是否正确。检查试验接线盒内连接片位置，确保正确，防止电压互感器短路，电流互感器开路，造成安全事故。

（5）现场通电及检查。通电作业应使用绝缘工器具，设专责监护人，防止发生错接线，造成安全事故，如图 2-1-15 所示。

（6）实施封印。拍照应加强监护，拍照全过程中应戴好手套，严禁直接触碰裸露导体；作业前核对设备名称和编号，要保持与带电设备足够的安全距离，无法满足安全距离的情况下，严禁拍照。

图 2-1-15　通电检查

6. 工作收工

（1）清理现场。清扫整理作业现场应加强监护，防止触电。

（2）办理工作票终结。组织工作班成员安全有序离开现场，并办理工作票终结手续。

7. 资料归档

工作结束后，将相关安全资料由专人妥善存放，并及时归档。

案例 3. 高压电能表安装、拆除

【案例说明】　高压电能表安装、拆除是电力营销现场作业中较为常见的工作，工作内容是高压电能表的安装、拆除与更换，送电后电能表运行状态检查。本案例旨在展示高压电能表安装、拆除作业的安全管控措施和安全管控要求，为广大电力营销一线员工安全可靠地做好这项工作提供参考和借鉴。案例适用于高压三相三线和高压三相四线电能表的现场安装、拆除及更换作业。

【主要流程】　高压电能表安装、拆除主要包括以下步骤：任务接受、现场勘查、工作前准备、现场开工、装拆及验收作业、收工、资料归档，流程图如图 2-1-16 所示。

【步骤详述】

1. 任务接受

负责人根据工作计划接受工作任务，在安全风险管控监督平台录入计划（周计划、临时计划），采录标准参照安全风险管控监督平台相关文档，由审批人在系统内发布并公示,如图 2-1-17 所示。

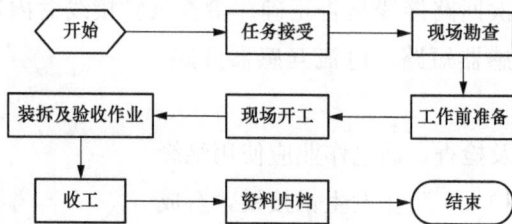

图 2-1-16　工作流程图

图 2-1-17　安全风险管控监督平台录入作业计划

2. 现场勘查

进入现场勘查,至少由两人进行,应严格执行工作监护制度,正确使用合格的个人劳动防护用品,如图 2-1-18 所示。勘查时必须核实设备运行状态,未经许可不得开启电气设备柜门或操作电气设备。

图 2-1-18　现场勘查

3. 工作前准备

(1)办理工作票签发。根据工作任务,工作票签发人或工作负责人选择并填写相应的工作票,由工作票签发人签发。负责人检查工作票所列安全措施应正确完备,符合现场实际条件,防止因安全措施不到位引起人身伤害和设备损坏，如图 2-1-19 所示。

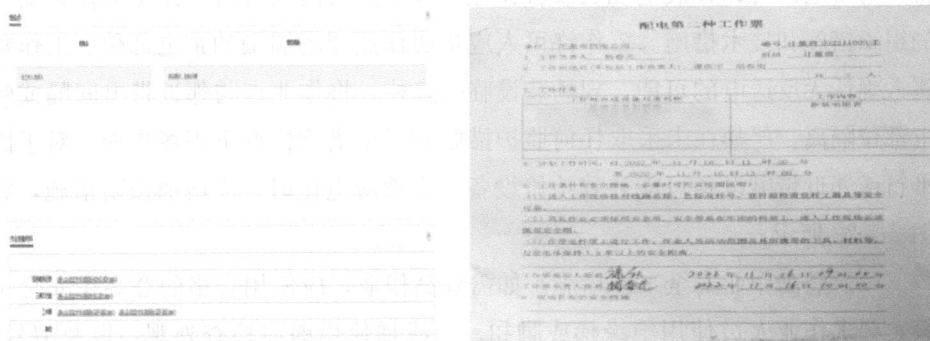

图 2-1-19　工作票签发

（2）领取材料。领取所需电能表、联合接线盒、封印等设备，并检查是否符合安全要求，在安全期限内。核对信息，避免领错导致型号规格与实际不符造成安全隐患，如图 2-1-20 所示。

（3）检查工器具。选用合格的安全工器具，避免使用不合格工器具引起电气、机械伤害。检查工器具是否完好、齐备。检查螺丝刀、偏口钳、剥线钳、封印钳、验电笔等工器具的绝缘部分是否完好合格；检查相序表、钳形万用表设备能否正常运行，电量是否充足，表笔接线头绝缘部分是否良好。如需进行高空作业，应检查安全帽帽壳、帽衬、帽箍、顶衬、下颏带等附件完好无损，脚扣、安全带可承载应力无损坏。

4. 现场开工

（1）办理工作票许可。办理许可手续，形式为双许可。工作负责人检查现场的安全措施是否到位、危险点预控措施是否落实，防止因安全措施未落实引起人身伤害和设备损坏，如图 2-1-21 所示。

图 2-1-20　领取材料检查工器具　　　　图 2-1-21　与用户办理工作许可

（2）检查并确认安全工作措施。在计量设备上作业时，应将未经验电的设备视为带电设备；开展电能表装拆作业，应至少由两人进行，并完成保证安全的组织措施和技术措施。工作许可人应指明作业现场周围的带电部位，工作负责人确认无反送电的可能，现场装设临时遮栏，将作业点与邻近带电间隔或带电部位隔离，严禁在未采取任何监护措施和保护措施情况下现场作业。对于因平行或邻近带电设备可能导致检修设备产生感应电压时，应增加预防措施，如图 2-1-22 所示。

（3）登高作业安全工作措施。如需登高作业，应使用合格的登高用安全工具，要求作业人员使用绝缘梯或脚扣。绝缘梯使用前应检查外观，以及编号、检验合格标识，确认符合安全要求，使用时应设置专人监护。梯子应有防滑措施，使用单梯工作时，梯子与地面的斜角度为 60°左右，梯子不得绑接使用；人字梯应有限制开度的措施，人在梯子上时，禁止移动梯子。使用脚扣时应系安全带，配工具袋。上下传递材料、工器具应使用绳索，禁止上下投掷，以免发生工器具高处坠落。

（4）召开班前会。工作负责人检查着装是否规范、个人防护用品是否合格齐备、人员精神状态是否良好；交代工作内容、人员分工、带电部位和现场安全措施，进行危险点告知，进行技术交流，履行签字手续，如图 2-1-23 所示。

图 2-1-22　采取安全措施

图 2-1-23　召开班前会

5. 装拆、验收作业

（1）高压电能表新装。

1）确认断开电源并验电。核对作业间隔，使用验电笔（器）对计量柜（箱、屏）金属裸露部分进行验电。确认电源进、出线开关已断开且能观察到明显断开点，对于无法观察到明显断开点的设备，至少应有两个非同样原理或非同源的指示均已同时发生对应变化且所有这些确定的指示均已同时发生对应变化,方可确认该设备已无电压。使用验电笔(器)再次进行验电,验电过程中禁止佩戴手套(见图 2-1-24),确认一次进出线等部位均无电压后,装设接地线。

2)核对计量设备铭牌信息。核对客户信息、电能表铭牌内容和有效检验合格标志,防止因信息错误造成计量差错和安全隐患,如图 2-1-25 所示。

图 2-1-24　进行验电操作　　　　　图 2-1-25　核对电能表信息

3)安装互感器,连接互感器侧二次回路。应防止电压互感器二次回路短路或接地和电流互感器二次回路开路。测量绝缘电阻时防止发生触电事故,多抽头的电流互感器严禁将剩余的端钮短路或接地。

4)安装高压电能表。导线应连接牢固、螺栓拧紧,导线金属裸露部分应全部插入接线端钮内,不得有外露、压皮现象。计量柜(箱、屏)内布线时应时刻保持与强电部分的距离,防止误碰带电设备,如图 2-1-26 所示。

5)安装检查。互感器安装牢固,一、二次侧连接的各处螺钉应牢固。变电站计量柜(屏)宜设置电能表专用的具备电源防雷器保护的辅助电源回路,如图 2-1-27 所示。

图 2-1-26　安装高压电能表　　　　　图 2-1-27　安装检查

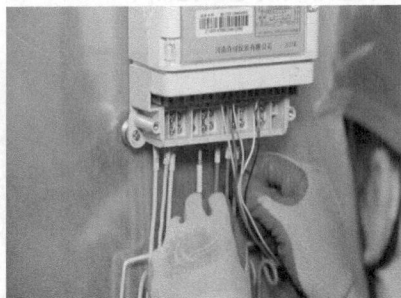

6)现场通电及检查。通电作业应使用绝缘工器具,设专责监护人,通电前宜断开负荷开关以免易引起设备损坏、人身伤害,如图 2-1-28 所示。

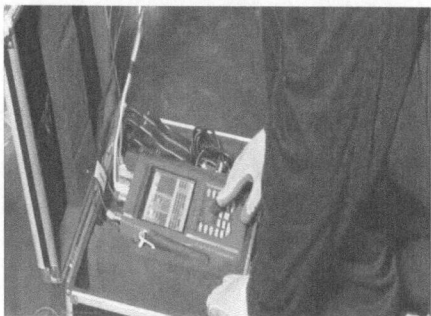

图 2-1-28　现场通电及检查

7）实施封印。施封拍照应加强监护，拍照全过程中应戴好绝缘手套，严禁直接触碰裸露导体。要保持与带电设备足够的安全距离，无法满足安全距离的情况下，严禁拍照，如图 2-1-29 所示。

8）竣工验收。必须核实设备运行状态，严禁工作人员未履行工作许可手续擅自开启电气设备柜门或操作电气设备，如图 2-1-30 所示。

图 2-1-29　实施封印

图 2-1-30　竣工验收

（2）高压电能表拆除。

1）确认断开电源并验电，核对计量设备铭牌信息与高压电能表新装对应步骤要求一致。

2）短接和断开连接片。严禁电流回路连片开路（见图 2-1-31）和电压回路连片短路或接地（见图 2-1-32），防止发生设备损坏和人身伤害。

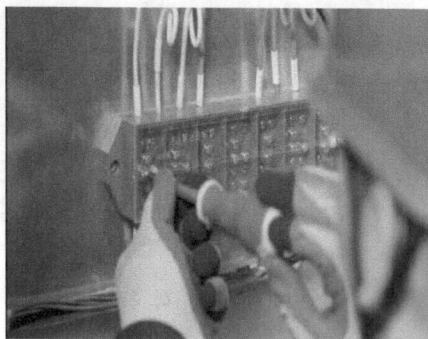

图 2-1-31　短接电流连片

图 2-1-32　断开电压连片

3）拆除高压电能表。防止电源未切除，拆除中及拆除后引起人身触电。

（3）高压电能表更换。

1）确认断开电源并验电、核对计量设备铭牌信息与高压电能表新装对应步骤要求一致。

2）短接和断开连接片、拆除高压电能表与高压电能表拆除对应步骤要求一致。

3）安装电能表、安装检查与高压电能表新装对应步骤要求一致。

4）恢复连接片。严禁电流回路连片开路和电压回路连片短路或接地，防止发生设备损坏和人身伤害。严禁直接触碰裸露导体，作业前核对设备名称和编号，要保持与带电设备足够的安全距离。

5）现场通电及检查、实施封印、竣工验收与高压电能表新装对应步骤要求一致。

6. 收工

（1）清理现场。清扫整理作业现场应加强监护，防止触电（见图 2-1-33）。

（2）现场完工，办理工作票终结（见图 2-1-34）。

图 2-1-33　清理现场图　　　　图 2-1-34　工作票终结

7. 资料归档

高压电能表新装、拆除、更换工作结束后将相关安全资料由专人妥善存放，并及时归档。

案例 4. 高压互感器更换、拆除

【案例说明】 高压互感器更换、拆除是营销现场作业中较为重要的工作，工作内容是更换、拆除电压互感器和电流互感器，并正确连接互感器二次线。

97

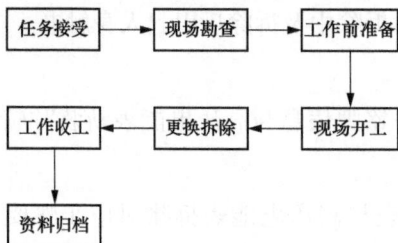

图 2-1-35　工作流程图

本案例旨在展示高压互感器更换、拆除现场作业的安全管控措施和安全管控要求，为广大营销一线员工安全可靠地做好这项工作提供参考和借鉴。案例适用于高压互感器的安装、拆除作业。

【主要流程】　高压互感器更换拆除工作主要包括以下步骤：任务接受、现场勘查、工作前准备、现场开工、更换拆除、工作收工、资料归档，流程图如图 2-1-35 所示。

【步骤详述】　工作步骤详述如下：

1. 任务接受

工作人员登录现场作业终端，进入营销现场作业平台，录入工作票相关信息（见图 2-1-36），并发送给签发人账号。工作人员应妥善保管系统账号及密码，不得随意授予他人，禁止在管理信息内、外网之间交叉使用。计算机端应安装防病毒、桌面管理等安全防护软件。

2. 现场勘查

配合相关专业进行现场勘查，查看作业现场条件、环境及危险点。查看计量点设置是否合理、计量方案是否符合设计要求、计量屏柜是否安装到位等。因勘查工作需要开启电气设备柜门或操作电气设备时，应执行工作票制度，将需要勘查设备范围停电、验电、挂地线、设置围栏并悬挂标示牌后，经履行工作许可手续，方可进行开启电气设备柜门或操作电气设备等工作，如图 2-1-37 所示。

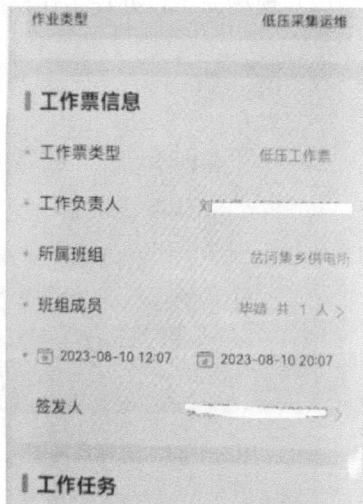

图 2-1-36　录入工作票相关信息

3. 工作准备

（1）办理工作票签发。检查工作票所列安全措施应正确完备，符合现场实际条件，防止因安全措施不到位引起人身伤害和设备损坏。

（2）领取材料。核对高压互感器、封印等信息，避免领错造成安全隐患。

（3）检查工器具。工作班成员选用合格的安全工器具，检查工器具是否完好、齐备，避免使用不合格工器具引起电气、机械伤害。

4. 现场开工

（1）办理工作票许可。告知客户或有关人员，说明工作内容。会同工作许可人检查现场的安全措施是否到位，检查危险点预控措施是否落实，防止因安全措施未落实引起人身伤害和设备损坏。同一张工作票，工作票签发人、工作负责人、工作许可人三者不得为同一人。

（2）检查并确认安全工作措施。在电气设备上作业时，应将未经验电的设备视为带电设备。在高、低压设备上工作，应至少由两人进行，并完成保证安全的组织措施和技术措施。

图 2-1-37　现场勘查

工作人员应正确使用合格的安全绝缘工器具和个人劳动防护用品，如图 2-1-12 所示。严禁工作人员未履行工作许可手续擅自开启电气设备柜门或操作电气设备，严禁在未采取任何监护措施和保护措施情况下现场作业。

（3）登高作业安全工作措施。如需要登高作业，应使用合格的登高用安全工具。绝缘梯使用前检查外观以及编号、检验合格标识，确认符合安全要求。梯子应有防滑措施，绝缘梯上工作时，传递工具和器材必须使用吊绳和圆桶袋，注意防止工具、物件掉落。

（4）班前会。工作负责人、专责监护人检查着装是否规范、个人防护用品是否合格齐备、人员精神状态是否良好；交代工作内容、人员分工、带电部位和现场安全措施，进行危险点告知，进行技术交流，并在掌机中履行签字手续，如图 2-1-38 所示。

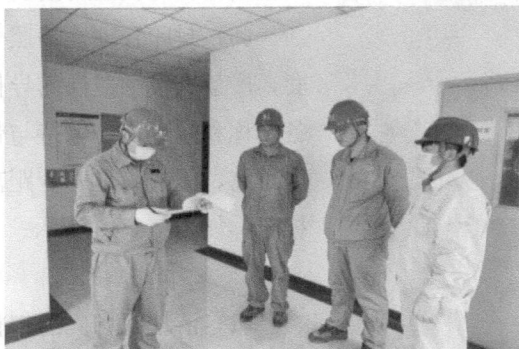
图 2-1-38　召开班前会

5. 更换拆除

（1）确认断开电源并验电。核对作业间隔；使用验电笔（器）对计量柜（箱、屏）金属裸露部分进行验电；确认电源进、出线开关已断开且能观察到明显断开点；使用验电笔（器）再次进行验电，确认互感器一次进出线等部位均无电压后，装设接地线。

（2）核对计量设备铭牌信息。核对互感器铭牌内容和有效检验合格标志，按照参数进行试验，防止因参数错误引起安全隐患，如图 2-1-39 所示。

图 2-1-39　核对信息

（3）现场作业。根据工作单中用户互感器信息，拆除并更换互感器，电流互感器一次绕组与电源串联接入；电压互感器一次绕组与电源并联接入，电流互感器进线端极性符号应一致，防止接线错误造成安全事故。

图 2-1-40　安全检查

（4）安装检查。检查互感器安装牢固，一、二次侧连接的各处螺钉是否牢固，接触面应紧密，二次回路接线正确。

（5）封印管理。拍照全过程中应戴好手套，严禁直接触碰裸露导体；作业前核对设备名称和编号，要保持与带电设备足够的安全距离，无法满足安全距离的情况下，严禁拍照，如图 2-1-40 所示。

6. 工作收工

（1）清理现场。清扫整理作业现场应加强监护，防止触电。

（2）办理工作票终结。组织工作班成员

安全有序离开现场并办理工作票终结手续。

7. 资料归档

工作结束后，将相关安全资料由专人妥善存放，并及时归档。

案例 5. 更正高压用户错接线

【案例说明】 更正高压用户错接线是营销现场作业中较为重要的工作，工作内容是更改用户电能表和联合接线盒接线。本案例旨在展示更正高压用户错接线作业的安全管控措施和安全管控要求，为广大营销一线员工安全可靠地做好这项工作提供参考和借鉴。案例适用于更正高压用户错接线作业。

【主要流程】 更正高压用户错接线工作主要包括以下步骤：任务接受、现场勘查、工作前准备、现场开工、接线更改、工作收工、资料归档，流程图如图 2-1-41 所示。

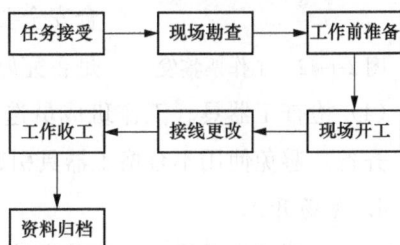

图 2-1-41 更正高压用户错接线
工作流程图

【步骤详述】

1. 任务接受

工作人员登录现场作业终端，进入营销现场作业平台，录入工作票相关信息，并发送给签发人账号（见图 2-1-9）。工作人员应妥善保管系统账号及密码，不得随意授予他人，禁止在管理信息内、外网之间交叉使用。计算机端应安装防病毒、桌面管理等安全防护软件。

2. 现场勘查

工作人员应正确使用合格的劳动防护用品和安全工器具。勘查时必须核实设备运行状态，严禁工作人员未履行工作许可手续擅自开启电气设备柜门或操作电气设备。在带电设备上勘查时，不得开启电气设备柜门或操作电气设备，勘查过程中应始终与设备保持足够的安全距离。因勘查工作需要开启电气设备柜门或操作电气设备时，应执行工作票制度，将需要勘查设备范围停电、验电、装设接地线、装设遮栏（围栏）并悬挂标示牌后，经履行工作许可手续，方可进行开启电气设备柜门或操作电气设备等工作，如图 2-1-37 所示。

3. 工作准备

（1）办理工作票签发。工作负责人依据工作任务在掌机中填写工作票，并

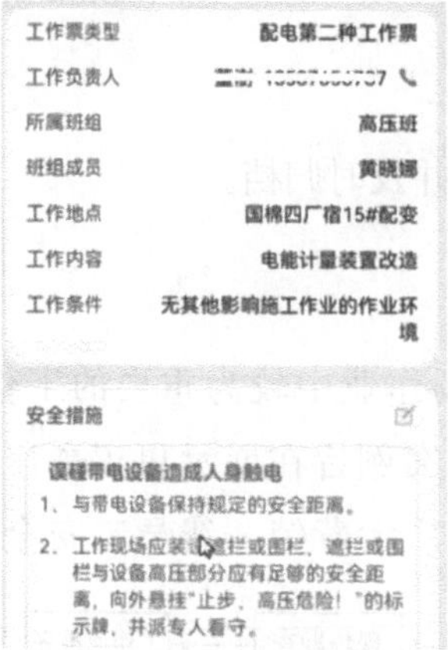

工作票类型	配电第二种工作票
工作负责人	二三 13001000007 📞
所属班组	高压班
班组成员	黄晓娜
工作地点	国棉四厂宿15#配变
工作内容	电能计量装置改造
工作条件	无其他影响施工作业的作业环境

安全措施 ✎

误碰带电设备造成人身触电

1. 与带电设备保持规定的安全距离。

2. 工作现场应装设遮拦或围栏，遮拦或围栏与设备高压部分应有足够的安全距离，向外悬挂"止步，高压危险！"的标示牌，并派专人看守。

图 2-1-42　工作票签发

发送给签发人账号，办理工作票签发手续。负责人和签发人检查工作票所列安全措施，措施应正确完备，符合现场实际情况，防止因安全措施不到位引发人身伤害和设备损坏，如图 2-1-42 所示。

（2）领取材料。核对材料、封印等信息，避免错领造成安全隐患。

（3）检查试验设备。检查试验设备，如万用表、相位伏安表、电能表现场校验仪等设备是否符合安全要求，设备是否可正常运行。检查试验设备是否完好、齐备。

（4）检查工器具。工作班成员选用合格的安全工器具，检查工器具是否完好、齐备。避免使用不合格工器具引起电气、机械伤害。

4. 现场开工

（1）办理工作票许可。工作负责人会同工作许可人检查现场的安全措施是否到位，检查危险点预控措施是否落实。防止因安全措施未落实引起人身伤害和设备损坏。同一张工作票，工作票签发人、工作负责人、工作许可人三者不得为同一人。

（2）检查并确认安全工作措施。工作人员应正确使用合格的个人劳动防护用品，应将现场电气设备视为带电设备，并与设备保持安全距离。进入现场工作，至少由两人进行，工作负责人应会同工作许可人确认停电范围、断开点、接地、标示牌正确无误。工作负责人在作业前应要求工作许可人当面验电；必要时工作负责人还可使用自带验电器（笔）重复验电。严禁工作人员未履行工作许可手续擅自开启电气设备柜门或操作电气设备，严禁在未采取任何监护措施和保护措施情况下开展现场作业，如图 2-1-12 所示。

（3）登高作业安全工作措施。需要登高作业，应使用合格的登高用安全工具。绝缘梯使用前检查外观以及编号、检验合格标识，确认符合安全要求。在绝缘梯上工作时，传递工具和器材必须使用吊绳和圆桶袋，注意防止工具、物件掉落。梯上高处作业应系上安全带，防止高空坠落。

（4）班前会。工作负责人、专责监护人检查着装是否规范、个人防护用品是否合格齐备、人员精神状态是否良好；交代工作内容、工作地点、作业间隔、人员分工、带电部位和现场安全措施，进行危险点告知和技术交底，并履行签名确认手续进行技术交流，并在掌机中履行签字手续，如图 2-1-38 所示。

5. 现场处理

（1）核对信息。防止误入错误间隔，造成触电。

（2）更正高压用户错接线。用验电笔（器）测试电能表外壳、零线桩头、接地端子、计量柜（箱、屏）应无电压。采取相应的安全措施，防止电流二次回路开路。使用伏安相位表或电能表校验仪查询错接线时，应确认设备的电压、电流线绝缘良好，无破损，根据电能表接线方式，正确接入设备。更改电能表接线时，拆开的二次电压、电流线金属裸露部分应采取绝缘措施，防止短路造成人员伤害。

（3）核对检查。对更正后的接线进行检查，核查二次线是否有破损、烧毁痕迹，根据二次回路接线故障情况，采取相应的安全措施后，进行处理。使用验电笔（器）对二次回路的柜（箱、屏）金属裸露部分进行验电，并检查柜（箱、屏）接地是否可靠。

（4）封印管理。拍照应加强监护，拍照全过程中应戴好手套，严禁直接触碰裸露导体。作业前核对设备名称和编号，要保持与带电设备足够的安全距离，无法满足安全距离的情况下，严禁拍照。

6. 工作收工

（1）清理现场。清扫整理作业现场应加强监护，防止触电。

（2）办理工作票终结。组织工作班成员安全有序离开现场并办理工作票终结手续。

7. 资料归档

工作结束后，将相关安全资料由专人妥善存放，并及时归档。

案例6. 低压互感器投运前现场校验

【案例说明】 低压互感器投运前现场校验是营销现场作业中较为常见的工作，工作内容主要是开展低压电流互感器极性和误差试验。本案例旨在展示低压互感器投运前现场校验作业的安全管控措施和安全管控要求，为广大营销一线员工安全可靠地做好这项工作提供参考和借鉴。案例适用于低压电流互感器投运前现场校验作业。

【主要流程】 低压互感器投运前现场校验工作主要包括以下步骤：任务接受、现场勘查、工作前准备、现场开工、电流互感器现场校验作业、竣工验收、收工、资料归档，流程图如图 2-1-43 所示。

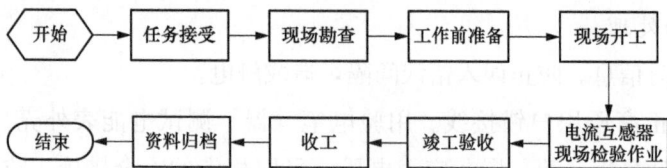

图 2-1-43　工作流程图

【步骤详述】

1. 任务接受

负责人根据工作任务单在安全风险管控监督平台录入计划（周计划、临时计划），采录标准参照安全风险管控监督平台相关文档，由审批人在系统内发布并公示，如图 2-1-44 所示。

图 2-1-44　录入作业计划

2. 现场勘查

进入带电现场勘查，至少由两人进行，应严格执行工作监护制度。严禁工作人员未履行工作许可手续擅自开启电气设备柜门或操作电气设备，勘查过程中应始终与带电设备保持足够的安全距离，如图 2-1-45 所示。

图 2-1-45　现场勘查

3. 工作准备

（1）办理工作票签发。根据工作任务，工作票签发人或工作负责人选择并填写相应的工作票，由工作票签发人签发。负责人检查工作票所列安全措施应正确完备，符合现场实际情况，防止因安全措施不到位引发人身伤害和设备损坏，如图2-1-42所示。

（2）准备和检查仪器设备、工器具。工作班成员根据工作内容准备所需仪器设备、工器具，检查是否符合安全作业要求，如图2-1-46所示。

图 2-1-46　准备和检查仪器、工器具

检查便携式互感器校验仪、电源盘、活络扳手、设备接线头、试验连接线无绝缘损坏，可正常开机使用。检查活络扳手、剥线钳、螺丝刀、验电笔等工器具的绝缘部分合格完好。如需高空作业需检查安全帽帽壳、帽衬、帽箍、顶衬、下颏带等附件完好无损，脚扣、安全带可承载应力无损坏，避免使用不合格仪器、工器具而引起机械伤害。

4.现场开工

（1）办理工作票许可。工作负责人告知客户及有关人员，说明工作内容，办理工作票或输变电工程安全施工作业票许可手续，在掌机中填写许可时间并签字。会同工作许可人检查现场的安全措施是否到位，检查危险点预控措施是否落实。

（2）检查并确认安全工作措施。工作负责人根据工作票或输变电工程安全施工作业票所列安全要求，落实安全措施。涉及停电作业的应实施停电、验电、挂接地线或合上接地开关、悬挂标示牌后方可工作。工作负责人应会同工作票或输变电工程安全施工作业票许可人确认停电范围、断开点、接地、标示牌正确无误。工作负责人在作业前应要求工作票或输变电工程安全施工作业票许可人当面验电；必要时工作负责人还可使用自带验电器（笔）重复验电。应在作业现场装设临时遮栏（围栏），将作业点与邻近带电间隔或带电部位隔离。工作中应保持与带电设备的安全距离。检查预防感应电压措施是否落实，如图2-1-47所示。

图 2-1-47　采取安全措施

（3）登高作业安全工作措施。如需登高作业，应使用合格的登高用安全工具，要求作业人员使用脚扣或绝缘梯。使用脚扣时应系安全带，配工具袋。上下传递材料、工器具应使用绳索，禁止上下投掷，以免发生工器具高处坠落。使用绝缘梯时，应先进行试登，确认可靠后方可使用，绝缘梯应坚固完整，有防滑措施，支柱应能承受攀登时作业人员及所携带的工具、材料的总重量。有人员在梯子上工作时，梯子应有人扶持和监护，作业过程中防止非作业人员造成的高空坠物，如图 2-1-48 所示。

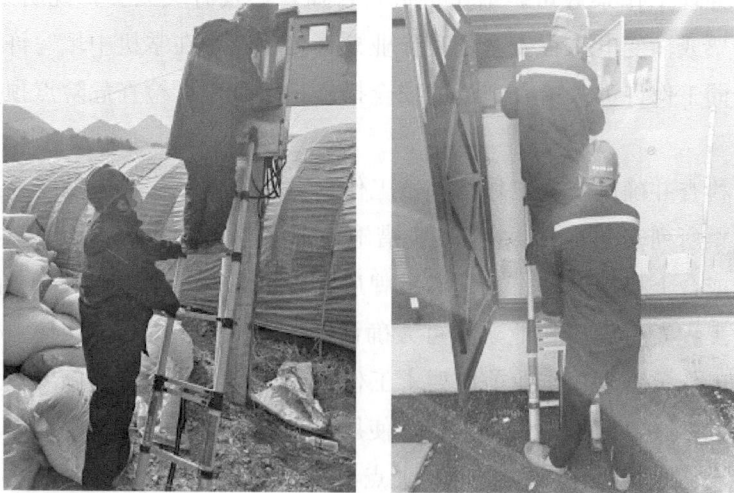

图 2-1-48　室外登高作业

（4）班前会。工作负责人、专责监护人、工作班成员检查着装是否规范、个人防护用品是否合格齐备、人员精神状态是否良好。交代工作内容、人员分工、带电部位和现场安全措施，进行危险点告知，进行技术交流，并在掌机中履行签字手续，如图 2-1-49 所示。

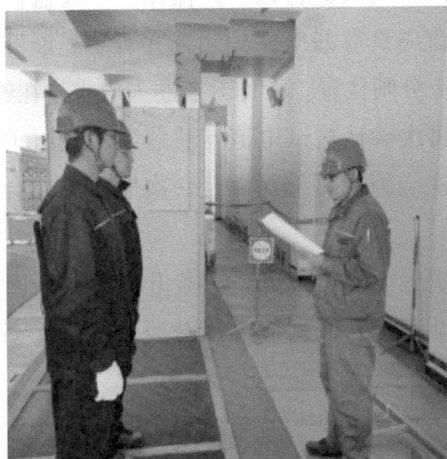

图 2-1-49　召开班前会

（5）检查确认试验外部条件。工作负责人、专责监护人、工作班成员被试电流互感器一次侧与其他现场高压带电设备应有明显断开点，安全距离应符合《国家电网公司电力安全工作规程》规定。检查断路器、隔离开关的操作电源是否断开。

5．电流互感器现场检验作业

（1）断开电源并验电。采用三步验电法，证实验电笔（器）是否良好。核对作业间隔，使用验电笔（器）对计量柜（箱）、采集终端箱金属裸露部分进行验电，并检查柜（箱）接地是否可靠。确认电源进、出线方向，断开进、出线开关且能观察到明显断开点。使用验电笔（器）再次进行验电，确认一次进出线等部位均无电压后，装设接地线。验电过程中严禁佩戴手套，如图 2-1-50 所示。

图 2-1-50　验电

（2）核对信息。防止走错间隔、误碰带电设备。

（3）设备检查。对互感器安装位置金属箱体接地检查并验电，防止设备外壳带电。确认被检电流互感器二次回路已断开。工作班成员断开被检电流互感器二次连片，确保互感器二次从其他回路中独立出来。确认被检电流互感器二次回路已断开，电流互感器除被测二次回路外其他二次回路应可靠短路接地，试验接线前应对被试电流互感器放电。

（4）试验电源接线。两人进行，一人操作，一人监护。操作人员应戴绝缘手套及护目镜。电源盘应具有漏电保护装置并有明显断开点，调压器转盘确认在零位，隔离开关处于分闸位置。操作升流器人员应站在绝缘垫上。

（5）误差测量。再次确认被试电流互感器二次绕组正确无误并与其二次回路完全断开，其余二次绕组应可靠短路。一次应形成闭合回路，一次电流应无别的旁路。

（6）降流、关闭试验电源。首先将试验升流控制器回至零位，并断开升流电源，必须有明显断开点，并使用放电棒对被试电流互感器一次高压侧进行放电，如图 2-1-51 所示。

图 2-1-51　电流互感器现场检验作业

6. 竣工验收

竣工验收时必须核实互感器运行状态，严禁工作人员未履行工作许可手续擅自开启电气设备柜门或操作电气设备。

7. 收工

（1）清理现场。清扫整理作业现场应加强监护，防止触电。

（2）现场完工，办理工作票终结。

8. 资料归档

低压电流互感器投运前现场校验工作结束后，将相关安全资料由专人妥善存放，并及时归档。

案例 7. 低压装表接电

【案例说明】 低压装表接电是营销现场作业中较为常见的工作，工作内容包括电能表的安装、接线检查、送电检查以及计量封印。本案例旨在展示低压装表接电现场作业的安全管控措施和安全管控要求，为广大营销一线员工安全可靠地做好这项工作提供参考和借鉴。案例适用于低压直接接入和经互感器接入电能表装表接电作业。

【主要流程】 低压装表接电工作主要包括以下步骤：任务接受、现场勘查、工作前准备、现场开工、新装作业、竣工验收、工作收工、资料归档，流程图如图 2-1-52 所示。

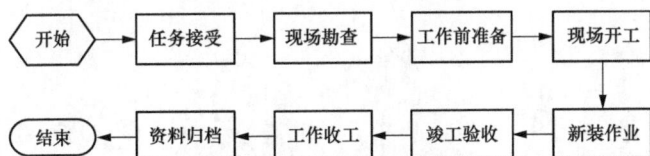

图 2-1-52　工作流程图

【步骤详述】

1. 任务接受

负责人根据业扩流程期限在安全风险管控监督平台录入计划（周计划、临时计划），采录标准参照安全风险管控监督平台相关文档，由审批人在系统内发布并公示，如图 2-1-53 所示。

2. 现场勘查

进入带电现场勘查，至少由两人进行，应严格执行工作监护制度。严禁工作人员未履行工作许可手续擅自开启电气设备柜门或操作电气设备，勘查过程中应始终与带电设备保持足够的安全距离，如图 2-1-54 所示。

3. 工作前准备

（1）办理工作票签发。根据工作任务，工作票签发人或工作负责人选择并填写相应的工作票，由工作票签发人签发。负责人检查工作票所列安全措施应正确完备，符合现场实际情况，防止因安全措施不到位引发人身伤害和设备损坏，如图 2-1-42 所示。

（2）准备和检查仪器设备、工器具。工作班成员根据工作内容准备所需仪器设备、工器具，检查是否符合安全作业要求，如图 2-1-55 所示。

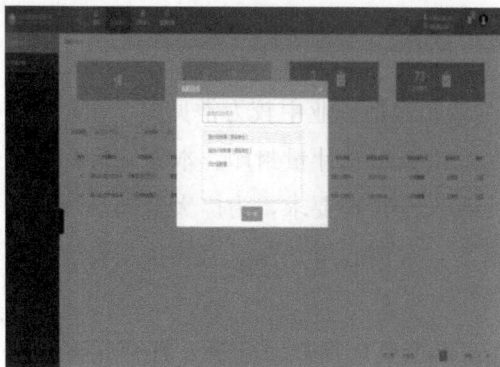

图 2-1-53　录入作业计划　　　　　　　　图 2-1-54　现场勘查

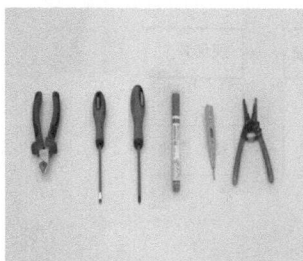

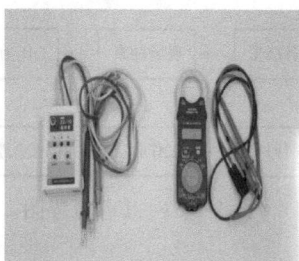

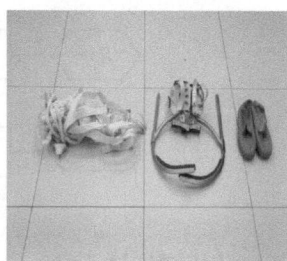

图 2-1-55　准备和检查仪器、工器具

检查相序表、钳形万用表设备接线头、连接线无绝缘损坏，可正常开机使用。检查偏口钳、剥线钳、螺丝刀、验电笔等工器具的绝缘部分合格完好。如需高空作业需检查安全帽帽壳、帽衬、帽箍、顶衬、下颌带等附件完好无损，脚扣、安全带可承载应力无损坏，避免因使用不合格仪器、工器具而引起机械伤害。

4. 现场开工

（1）办理工作票许可。许可形式为双许可，工作负责人检查现场的安全措施是否到位，检查危险点预控措施是否落实，防止因安全措施落实不到位引起人身伤害和设备损坏。

（2）检查并确认安全工作措施。工作负责人根据工作票所列安全要求，落实安全措施。涉及停电作业的应实施停电、验电、挂接地线或合上接地开关、悬挂标示牌后方可工作，并在计量装置处放"在此工作"标示牌。工作负责人应会同工作许可人确认停电范围、断开点、接地、标示牌正确无误。工作负责人在作业前应要求工作许可人当面验电；应在作业现场装设临时遮栏，将作业点与邻近带电间隔或带电部位隔离，工作中应保持与带电设备的安全距离，如图 2-1-56 所示。

（3）登高作业安全工作措施。如需登高作业，应使用合格的登高用安全工具，要求作业人员应使用脚扣或绝缘梯。使用脚扣时应系安全带，配工具袋。上下传递材料、工器具应使用绳索，禁止上下投掷，以免发生工器具高处坠落；使用绝缘梯时，应先进行试登，确认可靠后方可使用，绝缘梯应坚固完整，有防滑措施，支柱应能承受攀登时作业人员及所携带的工具、材料的总重量。有人员在梯子上工作时，梯子应有人扶持和监护，作业过程中应防止非作业人员造成的高空坠物，如图 2-1-48 所示。

（4）班前会。工作负责人、专责监护人检查着装是否规范、个人防护用品是否合格齐备、人员精神状态是否良好，交代工作内容、人员分工、带电部位和现场安全措施，进行危险点告知，进行技术交流，履行签字手续，如图 2-1-57 所示。

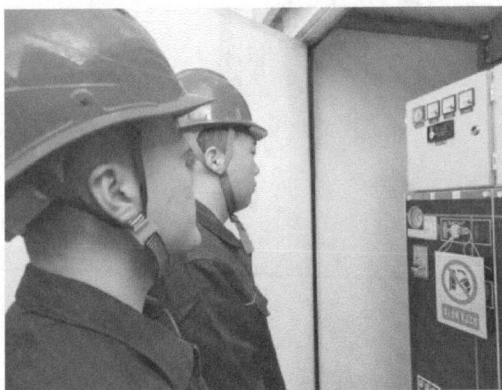

图 2-1-56 采取安全措施   图 2-1-57 召开班前会

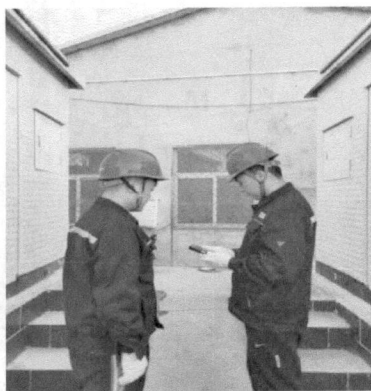

5. 新装作业

（1）断开电源并验电。采用三步验电法证实验电笔（器）是否良好。核对作业间隔，使用验电笔（器）对计量柜（箱）、金属裸露部分进行验电，并检查柜（箱）接地是否可靠。确认电源进、出线方向，断开进、出线开关且能观察到明显断开点。使用验电笔（器）再次进行验电，确认一次进出线等部位均无电压后，装设接地线。装设、拆除接地线均应使用绝缘棒并戴绝缘手套，人体不得碰触接地线或未接地的导线。装设的接地线应接触良好、连接可靠，验电过程中严禁佩戴手套，如图 2-1-50 所示。

（2）核对信息。防止走错间隔，误碰带电设备，如图 2-1-58 所示。

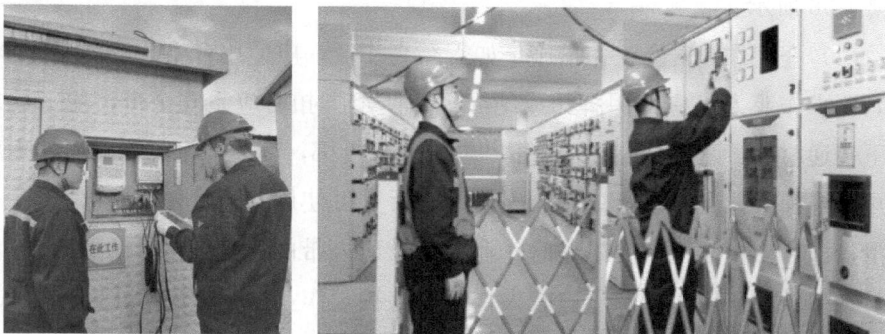

图 2-1-58　核对信息

（3）计量装置启封。对金属箱体接地检查并验电，防止设备外壳带电，如图 2-1-59 所示。

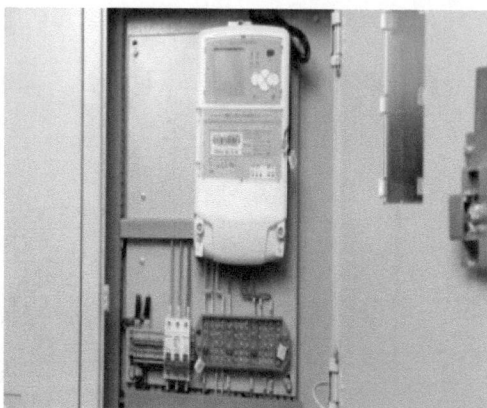

图 2-1-59　计量装置启封

（4）电能表固定。应垂直平稳，至少三点固定，外壳金属部分必须可靠接地。防止戴手套使用转动电动工具，以免造成机械伤害。电流互感器安装牢固，一、二次侧连接的各处螺钉牢固，接触面应紧密，试验接线盒内连接片位置正确。

（5）电能表接线。电压电流回路接线应连接可靠、接触良好，螺栓拧紧，导线金属裸露部分应全部插入接线端钮内，不得有外露、压皮现象。电源回路接入时应防止短路或接地造成人身伤亡事故和设备事故。

（6）现场通电及检查。加强监护、检查，防止接线时压接不牢固、接线错误等安全隐患导致设备损坏。用验电笔测试电能表外壳、零线端子、接地端子应无电压。

（7）实施封印。注意施封过程中与带电部分的安全距离，如图 2-1-60 所示。

6. 竣工验收

竣工验收时必须核实电能表运行状态，严禁工作人员未履行工作许可手续，擅自开启电气设备柜门或操作电气设备。

7. 工作收工

（1）清理现场。清扫整理作业现场应加强监护，防止触电。

（2）现场完工，办理工作票终结。

8. 资料归档

低压装表接电工作结束后将相关安全资料由专人妥善存放，并及时归档。

图 2-1-60　安装封印

案例 8. 低压电能表安装、拆除

【案例说明】 低压电能表安装、拆除是电力营销现场作业中较为常见的工作，工作内容包括电能表的装拆、送电检查、加封印等工作。本案例旨在展示低压电能表安装、拆除现场作业的安全管控措施和安全管控要求，为广大营销一线员工安全可靠地做好这项工作提供参考和借鉴。案例适用于直接接入和经互感器接入低压电能表现场安装、拆除作业。

【主要流程】 低压电能表安装、拆除工作主要包括以下步骤：任务接受、现场勘查、工作前准备、现场开工、装拆（换）作业、竣工验收、收工、资料归档，流程图如图 2-1-61 所示。

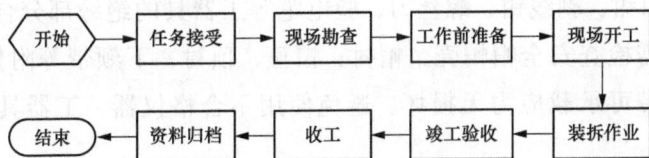

开始 → 任务接受 → 现场勘查 → 工作前准备 → 现场开工

结束 ← 资料归档 ← 收工 ← 竣工验收 ← 装拆作业

图 2-1-61　工作流程图

【步骤详述】

1. 任务接受

负责人根据业扩流程期限在安全风险管控监督平台录入计划（周计划、临时计划），采录标准参照安全风险管控监督平台相关文档，由审批人在系统内发

布并公示，如图 2-1-62 所示。

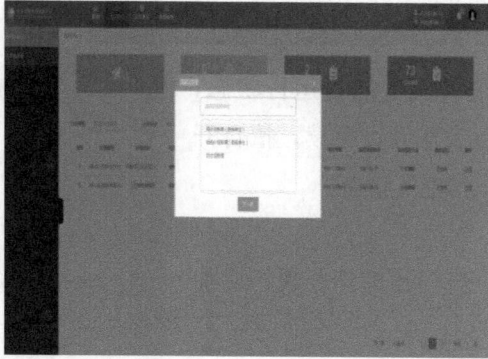

图 2-1-62　录入作业计划

2. 现场勘查

进入带电现场勘查，至少由两人进行，应严格执行工作监护制度。严禁工作人员未履行工作许可手续擅自开启电气设备柜门或操作电气设备，勘查过程中应始终与带电设备保持足够的安全距离，如图 2-1-57 所示。

3. 工作前准备

（1）办理工作票签发。根据工作任务，工作票签发人或工作负责人选择并填写相应的工作票，由工作票签发人签发。负责人检查工作票所列安全措施应正确完备，符合现场实际情况，防止因安全措施不到位引发人身伤害和设备损坏，如图 2-1-43 所示。

（2）准备和检查仪器设备、工器具。工作班成员根据工作内容准备所需仪器设备、工器具，检查是否符合安全作业要求，如图 2-1-56 所示。

检查相序表、钳形万用表设备接线头、连接线无绝缘损坏，可正常开机使用。检查偏口钳、剥线钳、螺丝刀、验电笔等工器具的绝缘部分合格完好。如需高空作业需检查安全帽帽壳、帽衬、帽箍、顶衬、下颏带等附件完好无损，脚扣、安全带可承载应力无损坏。避免使用不合格仪器、工器具而引起机械伤害。

4. 现场开工

（1）办理工作票许可。许可形式为双许可，工作负责人检查现场的安全措施是否到位，检查危险点预控措施是否落实，防止因安全措施落实不到位引起人身伤害和设备损坏。

（2）检查并确认安全工作措施。工作负责人根据工作票所列安全要求，落实安全措施。涉及停电作业的应实施停电、验电、挂接地线或合上接地开关、悬挂标示牌后方可工作，并在计量装置处放"在此工作"标示牌。工作负责人应会同工作许可人确认停电范围、断开点、接地、标示牌正确无误。工作负责人在作业前应要求工作许可人当面验电；应在作业现场装设临时遮栏，将作业点与邻近带电间隔或带电部位隔离，工作中应保持与带电设备的安全距离，如图 2-1-57 所示。

（3）登高作业安全工作措施。如需登高作业，应使用合格的登高用安全工具，要求作业人员应使用脚扣或绝缘梯。使用脚扣时应系安全带，配工具袋。上下传递材料、工器具应使用绳索，禁止上下投掷，以免发生工器具高处坠落；使用绝缘梯时，应先进行试登，确认可靠后方可使用，绝缘梯应坚固完整，有防滑措施，支柱应能承受攀登时作业人员及所携带的工具、材料的总重量。有人员在梯子上工作时，梯子应有人扶持和监护，作业过程中应防止非作业人员造成的高空坠物，如图 2-1-49 所示。

（4）班前会。工作负责人、专责监护人检查着装是否规范、个人防护用品是否合格齐备、人员精神状态是否良好，交代工作内容、人员分工、带电部位和现场安全措施，进行危险点告知，进行技术交流，履行签字手续，如图 2-1-58 所示。

5. 新装、拆除作业

（1）新装作业。

1）断开电源并验电。采用三步验电法，证实验电笔（器）是否良好。核对作业间隔，使用验电笔（器）对计量柜（箱）、采集终端箱金属裸露部分进行验电，并检查柜（箱）接地是否可靠。确认电源进、出线方向，断开进、出线开关且能观察到明显断开点。使用验电笔（器）再次进行验电，确认一次进出线等部位均无电压后，装设接地线。验电过程中严禁佩戴手套，如图 2-1-51 所示。

2）核对信息。防止走错间隔，误碰带电设备，如图 2-1-59 所示。

3）计量装置启封。对金属箱体接地检查并验电，防止设备外壳带电，如图 2-1-60 所示。

4）电能表固定。电能表安装应垂直平稳，至少三点固定，外壳金属部分必须可靠接地。防止戴手套使用转动电动工具，以免造成机械伤害。

5）电能表接线。电源回路接入时应防止短路或接地造成人身伤亡事故和设备事故。电压、电流回路布线连接可靠、接触良好，螺栓拧紧，导线金属裸露部分应全部插入接线端钮内，不得有外露、压皮现象。

6）安装检查。安装完毕后对电能计量装置安装质量和接线进行检查，确保接线正确，工艺符合规范要求，电流互感器安装牢固，一、二次侧连接的各处螺钉牢固，接触面应紧密，二次回路接线正确；试验接线盒内连接片位置，确保正确。

7）现场通电及检查。对于直接接入式电能表，通电前应再次确认出线侧开关处于断开位置。用验电笔测试电能表外壳、中性线端子、接地端子应无电压。对于经互感器接入式电能表，在不带负载的条件下，在电能表接线端测量接入相电压、线电压是否正常。

8）实施封印。注意施封过程中与带电部分的安全距离。

（2）拆除作业。

1）断开电源并验电、核对信息、计量装置启封，与新装作业对应步骤要求一致。

2）拆除电能表。用验电笔（器）试验确认无电，拆除电能表、互感器等电能计量装置，拆除接地线。应防止拆除电源回路时短路或接地；防止拆除控制回路时，被控开关跳闸，造成营销服务事故。若不停电进行，更换时应注意强弱电安全距离、静电伤害，做好绝缘包裹等有效隔离措施后，方可拆除电能表，拆除过程中应防止误碰运行设备、误分闸。

6. 竣工验收

竣工验收时必须核实电能表运行状态，严禁工作人员未履行工作许可手续，擅自开启电气设备柜门或操作电气设备。

7. 收工

（1）清理现场。现场作业完毕，工作班成员应清点个人工器具并清理现场，做到工完、料净、场地清。

（2）现场完工。请客户在工作单和试验单中客户确认签字部分进行签字。

（3）办理工作票终结。组织工作班成员有序离开现场并办理工作票终结手续。

8. 资料归档

工作结束后将工作单中电能表和互感器相关信息录入营销业务系统，将封印信息录入计量资产信息管理系统。

案例9. 低压互感器更换、拆除

【案例说明】 低压互感器更换、拆除是电力营销现场作业中较为重要的工作，工作内容主要是更换、拆除电流互感器，并正确连接互感器二次线。本案例旨在展示低压互感器更换拆除现场作业的安全管控措施和安全管控要求，为广大电力营销一线员工安全可靠地做好这项工作提供参考和借鉴。案例适用于低压互感器更换、拆除作业。

【主要流程】 低压互感器更换拆除工作主要包括以下步骤：任务接受、现场勘查、工作前准备、现场开工、更换拆除、工作收工、资料归档，流程图如图 2-1-63 所示。

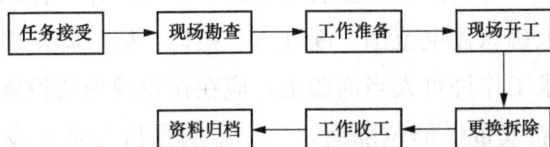

图 2-1-63　工作流程图

【步骤详述】

1. 任务接受

工作人员登录现场作业终端，进入营销现场作业平台，录入工作票相关信息，并发送给签发人账号。应妥善保管系统账号及密码，不得随意授予他人，禁止在管理信息内、外网之间交叉使用。计算机端应安装防病毒、桌面管理等安全防护软件，如图 2-1-36 所示。

2. 现场勘查

工作人员应正确使用合格的劳动防护用品和安全工器具。勘查时必须核实设备运行状态，严禁工作人员未履行工作许可手续，擅自开启电气设备柜门或操作电气设备。在带电设备上勘查时，不得开启电气设备柜门或操作电气设备，勘查过程中应始终与设备保持足够的安全距离。当打开计量箱（柜）门进行检查或操作时，应站位至箱门侧面，防范箱内设备异常引发爆炸带来的伤害。箱门开启后应采取有效措施对箱门进行固定，防范由于刮风或触碰造成箱门异常关闭，如图 2-1-37 所示。

3. 工作准备

（1）办理工作票签发。检查低压工作票所列安全措施应正确完备，符合现场实际条件，防止因安全措施不到位引起人身伤害和设备损坏。

（2）领取材料。核对电流互感器、封印等信息，避免错领造成安全隐患。

（3）检查工器具。工作班成员选用合格的安全工器具，检查工器具是否完好、齐备，避免使用不合格工器具引起电气、机械伤害。

4. 现场开工

（1）办理工作票许可。工作负责人告知客户及有关人员，说明工作内容，办理工作票许可手续，涉及双许可的工作票，需全部许可人办理工作票许可手续，在掌机中填写许可时间并签字。会同工作许可人检查现场的安全措施是否到位，检查危险点预控措施是否落实。

（2）检查并确认安全工作措施。工作负责人根据工作票所列安全要求，落实安全措施。涉及停电作业的应实施停电、验电、挂接地线或合上接地开关、悬挂标示牌后方可工作，并在计量装置处放"在此工作"标示牌。工作负责人应会同工作许可人确认停电范围、断开点、接地、标示牌正确无误。工作负责人在作业前应要求工作许可人当面验电；应在作业现场装设临时遮栏，将作业点与邻近带电间隔或带电部位隔离，工作中应保持与带电设备安全距离，如图 2-1-12 所示。

（3）登高作业安全工作措施。如需要登高作业，应使用合格的登高用安全工具。登高使用绝缘梯时应设置专人监护，梯子不得绑接使用，人字梯应有限制开度的措施，人在梯子上时，禁止移动梯子。

（4）班前会。工作负责人、专责监护人检查着装是否规范、个人防护用品是否合格齐备、人员精神状态是否良好；交代工作内容、人员分工、带电部位和现场安全措施，进行危险点告知，进行技术交流，并在掌机中履行签字手续，如图 2-1-38 所示。

5. 更换、拆除

（1）确认断开电源并验电。核对作业间隔；使用验电笔（器）对计量柜（箱、屏）金属裸露部分进行验电；确认电源进、出线开关已断开且能观察到明显断开点；使用验电笔（器）再次进行验电，确认互感器一次进出线等部位均无电压后，装设接地线。

（2）核对计量设备铭牌信息。作业中应保持与带电设备的安全距离，如图 2-1-39 所示。

（3）现场作业。根据工作单中用户互感器信息，拆除并更换互感器，作业中应保持与带电设备的安全距离，严禁电流互感器二次回路开路，防止发生设备损坏和人身伤害。

（4）安装检查。检查互感器安装牢固，一、二次侧连接的各处螺钉是否牢固，接触面应紧密，二次回路接线正确。

（5）封印管理。拍照应加强监护，拍照全过程中应戴好手套，严禁直接触碰裸露导体；作业前核对设备名称和编号，要保持与带电设备足够的安全距离，无法满足安全距离的情况下，严禁拍照，如图 2-1-40 所示。

6. **工作收工**

（1）清理现场。清扫整理作业现场应加强监护，防止触电。

（2）办理工作票终结。组织工作班成员安全有序离开现场并办理工作票终结手续。

7. **资料归档**

工作结束后，将相关安全资料由专人妥善存放，并及时归档。

案例 10. 更正低压用户错接线

【案例说明】 更正低压用户错接线是电力营销现场作业中较为常见的工作，工作内容是检查低压用户电能表、二次回路以及互感器接线是否正常，根据故障排查结果对用户进行电费追补或退补。本案例旨在展示更正低压用户错接线现场作业的安全管控措施和安全管控要求，为广大电力营销一线员工安全可靠地做好这项工作提供参考和借鉴。案例适用于低压三相四线电能表及其互感器二次回路错接线更正作业、单相电能表错接线更正作业。

【主要流程】 更正低压用户错接线工作主要包括以下步骤：任务接受、现场勘查、工作前准备、现场开工、故障核查、故障处理、收工、资料归档，流程图如图 2-1-64 所示。

图 2-1-64 工作流程图

【步骤详述】

1. **任务接受**

工作人员登录现场作业终端，进入营销现场作业平台，录入工作票相关信息（见图 2-1-36），并发送给签发人账号。应妥善保管系统账号及密码，不得随意授予他人，禁止在管理信息内、外网之间交叉使用。计算机端应安装防病毒、桌面管理等安全防护软件。

2. 现场勘查（必要时）

因勘查工作需要开启计量设备柜门或操作计量设备时，应执行工作票制度，实施安全技术措施后，经履行工作许可手续，方可进行开启计量箱（柜）门或操作计量设备等工作。配合相关专业进行现场勘查，查看作业现场条件、环境及危险点。

3. 工作前准备

（1）办理工作票签发。工作票签发人检查工作票所列安全措施是否正确完备，应符合现场实际条件，防止因安全措施不到位引起人身伤害和设备损坏。

（2）检查工作使用到的设备、材料、工器具等准备齐全，状况良好。常用工器具金属裸露部分应采取绝缘措施，并经检验合格。螺丝刀除刀口以外的金属裸露部分应用绝缘胶布包裹。仪器仪表、安全工器具应检验合格，并在有效期内。校验装置应具有有效期内的《计量标准考核证书》，如图 2-1-65 所示。

图 2-1-65　工器具检查

4. 现场开工

（1）办理工作票许可。工作负责人告知工作班成员，说明工作内容，工作许可人办理工作票许可手续，工作负责人会同工作许可人检查现场的安全措施是否到位，检查危险点预控措施是否落实。同一张低压工作票，工作票签发人、工作负责人、工作许可人三者不得互相兼任，如图 2-1-66 所示。

（2）检查并确认安全工作措施。进入现场工作，至少由两人进行，工作人员应正确使用合格的安全工器具和个人劳动防护用品。工作负责人根据工作票所列安全要求落实安全措施。工作负责人在作业前应要求工作人员当面验电，并与设备保持安全距离，确认现场设备运行情况，无触碰带电部位的风险，尤其对于电能表距离母排过近的，必须做好防护措施，以免在调试过程中触电。严禁工作人员未履行工作许可手续擅自开启计量箱（柜）门或操作计量设备，严禁在未采取任何监护措施和保护措施情况下现场作业，如图 2-1-67 所示。

图 2-1-66 办理工作票许可

图 2-1-67 确认安全措施、验电

（3）登高作业安全工作措施。如需要登高作业，应使用合格的登高用安全工具。绝缘梯使用前检查外观以及编号、检验合格标识，确认符合安全要求。脚扣、安全带可承载应力无损坏。登高使用绝缘梯时应设置专人监护，严禁在未采取任何监护措施和保护措施情况下登高检查作业。

（4）班前会。工作负责人、专责监护人检查着装是否规范、个人防护用品是否合格齐备、人员精神状态是否良好，交代工作内容、人员分工、带电部位和现场安全措施，进行危险点告知、技术交流，履行签字手续，防止因危险点未告知或分工不明确，引起人身伤害和设备损坏，如图 2-1-68 所示。

图 2-1-68　召开班前会

5. 故障核查

（1）计量柜（箱）核查。核查前使用验电笔（器）验明计量柜（箱）、电能表等带电情况，防止人员触电，验电过程禁止佩戴手套。在用户设备上作业时，严禁工作人员未经验电开启用户设备柜门或操作用户设备。运行时间较长且未安装牢固的杆上柜（箱），应在停电并采取固定措施后操作。当打开计量箱门进行检查或操作时，应站位至箱门侧面，防范箱内设备异常引发爆炸带来的伤害。箱门开启后应采取有效措施对箱门进行固定，防范由于刮风或触碰造成箱门异常关闭。

（2）核对信息。应将现场计量设备视为带电设备，并与设备保持安全距离，如图 2-1-69 所示。

（3）电能表接线核查。应检查电能表现场校验仪或万用表等设备的电压、电流线绝缘良好，无破损，根据电能表接线方式，正确接入电能表现场校验仪或万用表。接线过程中防止电流二次回路开路、电压二次回路短路，如图 2-1-70 所示。

图 2-1-69　计量柜（箱）核查、核对信息

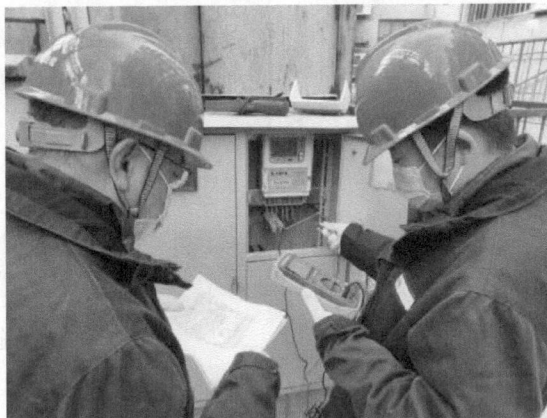

图 2-1-70　电能表接线核查

（4）电流二次回路、电流互感器接线核查。核查电流二次回路前，应严格按照《国家电网公司电力安全工作规程（配电部分）》履行安全技术措施，使用验电笔（器）验明计量柜（箱）、电能表等带电情况，防止人员触电，防止误碰带电设备。电流互感器两侧应有明显断开点，或前后进出线开关均已断开并经验电合格。

6. 故障处理

（1）确认断开电源并验电（仅用于电流二次回路错接线或电流互感器接线故障需停电处理的情况）。防止开关故障或用户倒送电造成人身触电。断开开关后，在开关操作把手上均应悬挂"禁止合闸，有人工作！"的标示牌。

（2）电能表接线故障处理。工作时，应设专人监护，使用绝缘工具，并站在干燥的绝缘物上。调整接线时，拆开的电压、电流线金属裸露部分应采取绝缘措施，防止短路造成人员伤害。短接电流二次回路时，应检查螺钉是否紧固，防止电流二次回路开路，如图 2-1-71 所示。

（3）电流二次回路、电流互感器接线故障处理。需要停电处理时，应严格按照《国家电网公司电力安全工作规程（配电部分）》进行停电、验电、接地。处理过程中，应仔细检查，防止再次接线错误。

（4）带电检查。应保持与带电设备的安全距离，避免发生触电。

（5）实施封印。拍照应加强监护，拍照全过程中应戴好手套，严禁直接触碰裸露导体。要保持与带电设备足够的安全距离，无法满足安全距离的情况下，严禁拍照，如图 2-1-72 所示。

图 2-1-71　设备故障处理

图 2-1-72　实施封印

7. 收工

（1）清理现场。清扫整理作业现场应加强监护，保持好与带电设备的安全距离，防止触电，如图 2-1-73 所示。

（2）现场完工，办理工作票终结，如图 2-1-74 所示。

图 2-1-73　清理现场

图 2-1-74　办理工作终结手续

8. 资料归档

更正低压用户错接线现场工作结束后，将相关安全资料由专人妥善存放，并及时归档，如图 2-1-75 所示。

案例 11. 电能表现场校验

【**案例说明**】 电能表现场校验是营销现场作业中较为常见的工作，工作内容是开展电能表接线检查和误差试验，送电后检查电能表运行状态，安装计量封印。本案例旨在展示电能表现场校验作业的安全管控措施和安全管控要求，为广大营销一线员工安全可靠地做好这项工作提供参考和借鉴。案例适用于电能表现场校验作业。

图 2-1-75 安全资料归档

【**主要流程**】 电能表现场校验工作主要包括以下步骤：任务接受、工作前准备、现场开工、计量装置检查、误差测试、收工、资料归档，流程图如图 2-1-76 所示。

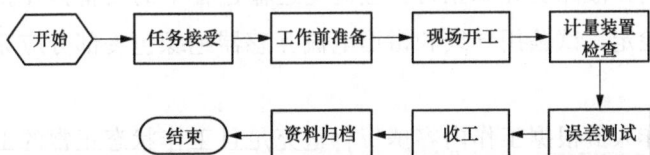

图 2-1-76 工作流程图

【**步骤详述**】

1. 任务接受

根据电能表运行抽检计划、客户申验工单等，在电能表现场检验质量在线管控平台制订计划（见图 2-1-77）、接受任务和录入数据，核对客户资料及现场检验记录等。应妥善保管平台系统账号及密码，不得随意授予他人，禁止在管理信息内、外网之间交叉使用。计算机应安装防病毒、桌面管理等安全防护软件。

2. 工作前准备

（1）依据工作任务填写工作票（或现场任务派工单）。办理工作票签发手续。工作票签发人对工作的必要性和安全性、工作票上安全措施的正确性、所安排工作负责人和工作人员是否合适等内容负责。检查工作票所列安全措施应

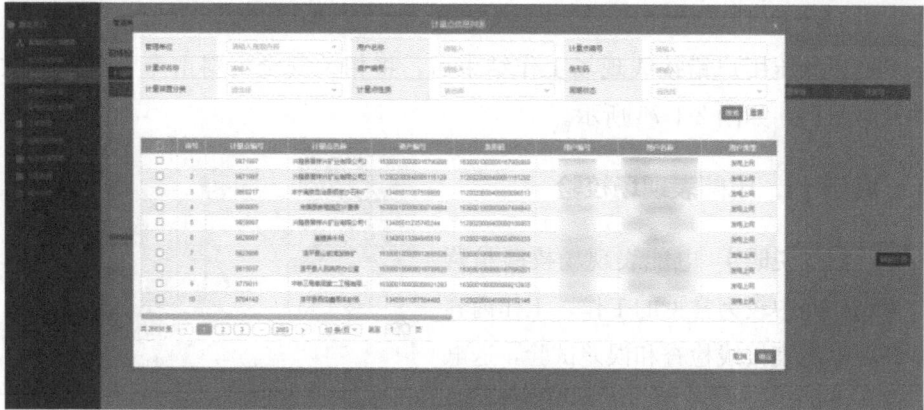

图 2-1-77　现场检定计划制订

正确完备，符合现场实际情况，防止因安全措施不到位引起人身伤害和设备损坏。

（2）工作人员凭工作单领取相应材料及封印等，并核对所领取的材料是否符合工作单要求、安全规程要求。

（3）工作人员根据工作内容携带合适的现场检验设备，设备应经检定合格，并在有效期内，液晶屏显示正常。应避免运输过程中的设备损坏。计量检验设备应经周期检定，试验用导线和钳形电流互感器绝缘包裹部分应完好，防止短路、接地。

（4）工作人员根据工作内容携带合适充足且工作状态正常的工器具、仪器仪表，避免使用不合格工器具引起人身伤害。

3. 现场开工

（1）办理工作票许可。告知客户或有关人员，说明工作内容。如果使用低压工作票，应办理工作票许可手续，防止因安全措施未落实引起人身伤害和设备损坏。同一张工作票，工作票签发人、工作许可人与工作负责人不得互相兼任。涉及客户侧的作业要执行供电方和客户方双许可制度。

（2）检查确认安全技术措施。应根据工作票所列安全要求落实安全措施，在客户设备上作业时，作业人员在作业前应要求客户开启计量柜（箱、屏）当面验电，为避免客户验电器故障造成的误判断，必要时作业人员还可使用自带验电笔重复验电。在作业现场应装设临时遮栏，将作业点与邻近带电间隔或带电部位隔离。要掌握客户电气设备的运行状态、有无反送电的可能，在不能确定的情况下，视为设备带电，按照带电作业要求开展工作。工作中应保持与带电设备的安全距离。在路（街）边或车（人）流量较大的环境作业，应使用遮（围）栏或路锥并设警示标示牌。

（3）登高作业安全工作措施。如需要登高作业，应使用合格的登高用安全工具。绝缘梯使用前检查外观以及编号、检验合格标识，确认符合安全要求。作业时应设置专人监护，梯子应有防滑措施。当作业高度超过 1.5m 时，应使用安全带，或采取其他可靠的安全措施。

（4）班前会。检查工作人员着装、个人工器具、个人精神状态；完成工作任务交底、安全交底、技术交底。防止危险点未告知或分工不明确，引起人身伤害和设备损坏，如图 2-1-78 所示。

图 2-1-78 召开班前会

4. 计量装置检查

（1）验电。使用验电笔对计量箱（柜）金属裸露部分进行验电，并检查计量箱（柜）接地是否可靠。严禁工作人员未经验电开启电气设备柜门或操作电气设备，严禁在未采取任何监护措施和保护措施情况下检查作业。

（2）外观检查核对信息。核查前使用验电笔验明电能表等设备带电情况，防止人员触电。检查电能计量箱（柜）应有安全警示语、户号标识等，封印完整。检查计量箱（柜）观察窗清洁完好，各电能表安装、运行环境条符合要求。核对表计信息，避免核实错误导致校验表计型号规格与实际不符造成安全隐患，如图 2-1-79 所示。

（3）检查校验仪电压、电流试验导线。检查校验仪电压、电流试验导线通断是否良好、绝缘是否良好，防止电压短路、接地，如有问题及时更换，如图 2-1-80 所示。

图 2-1-79　电能表信息核对

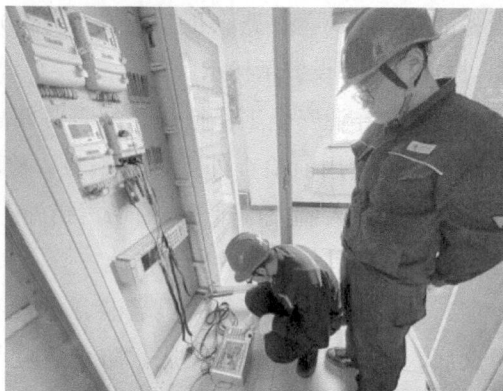

图 2-1-80　电能表校验仪接线检查

5. 误差测试

（1）接入校验仪、临时电源。若电能表端钮盒或试验接线盒严重损坏，建议停止开展现场检验工作。直接接入时应保证电流导线牢固可靠，再打开电流连接片，防止电压二次回路短路或接地，防止电流二次回路开路。使用电流钳时，应从导线外侧钳入，并扶持牢固且不能碰触电压测试导线，防止掉落。测试导线挂接要牢固，接线不能松动。工作人员在接取试验电压时应正确佩戴安全帽、护目镜，穿着长袖工作服、手套、绝缘鞋等劳动保护用品，防止短路引起电弧灼伤，如图 2-1-81 所示。

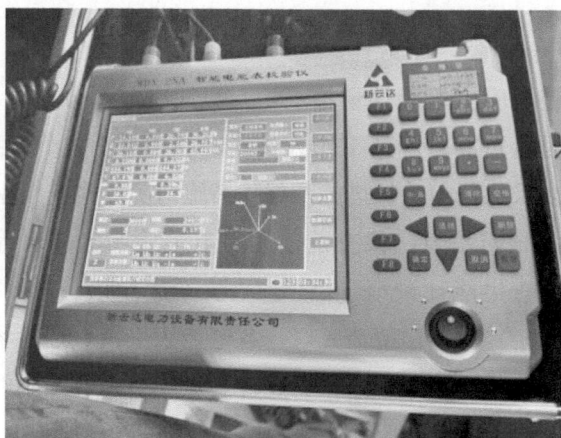

图 2-1-81　误差校验结果

（2）接线检查。防止电压二次回路短路或接地，防止电流二次回路开路。

（3）计量差错和不合理的计量方式检查、检查电能表显示的电量值和辅助测量值，测定电能表实负荷运行状态下的误差。加强防护，检查测试过程中注意与带电体之间的距离，防止人身触电。

（4）拆除校验仪接线。整理试验接线，严禁电压回路短路或接地。

（5）核对功率。检查被检验计量装置接线是否恢复正常，核对功率值时发现异常应重新检查接线，避免出现安全隐患。

（6）拆除临时电源，检查现场是否有遗留物品，拆除临时电源时安排专人监护，防止发生触电事故。

（7）加封。在拆封部位加封，注意与带电体之间的安全距离，防止触电。

6. 收工

（1）清理现场。现场作业完毕后，清扫整理作业现场应加强监护，防止触电。

（2）现场完工。履行运行单位和客户签字认可手续。

（3）办理工作票终结手续。

7. 资料归档

电能表现场校验工作结束后将相关安全资料由专人妥善存放，并及时归档。

案例 12. 二次回路现场检测

【案例说明】 二次回路现场检测是电力营销现场作业中较为常见的工作，工作内容是对电能计量装置在安装现场实际工作状态下实施的电压互感器二次回路电压降、电流互感器实际二次负荷在线检测。本案例旨在展示二次回路现场检测作业的安全管控措施和安全管控要求，为广大电力营销一线作业人员安全可靠地做好这项工作提供参考和借鉴。案例适用于三相三线和三相四线二次回路现场检测作业。

【主要流程】 二次回路现场检测工作主要包括以下步骤：任务接受、工作前准备、现场开工、计量装置检查、二次压降测试、二次负荷测试、收工、资料归档，流程图如图 2-1-82 所示。

【步骤详述】

1. 任务接受

负责人根据电能计量装置检验周期在营销现场作业平台（电脑端）录入计划（周计划、临时计划），采录标准参照营销现场作业平台相关文档，并发送至部门审批人账号，由审批人审核，计划确认无误后，在系统内发布并公示（见图 2-1-83）。应妥善保管系统账号及密码，不得随意授予他人，禁止在管理信息内、外网之间交叉使用。计算机应安装防病毒、桌面管理等安全防护软件。

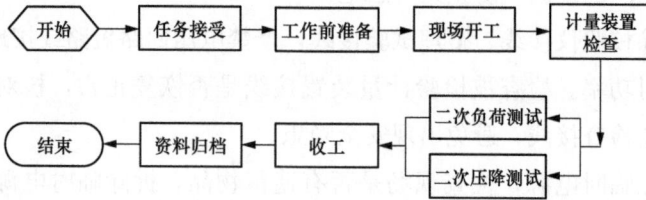

图 2-1-82　工作流程图

图 2-1-83　现场作业计划审批

2. 工作前准备

（1）办理工作票。工作负责人依据工作任务在掌机或电脑端办理工作票，并发送给签发人账号，办理工作票签发手续。负责人和签发人检查工作票所列安全措施，安全措施应正确完备，符合现场实际情况，防止因安全措施不到位引发人身伤害或设备损坏，如图 2-1-84 所示。

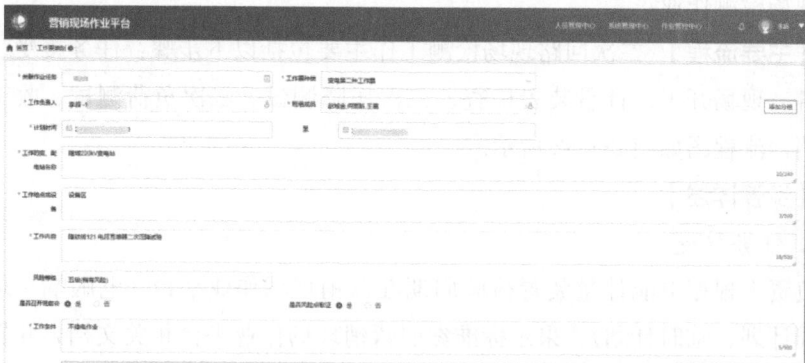

图 2-1-84　营销现场作业平台 2.0 办理工作票（电脑端）

（2）领取材料。核对材料、封印信息，避免错领因型号规格不符造成安全隐患。

（3）检查安全工器具与试验设备。工作班成员应选用合格的安全工器具与试验仪器，检查工器具是否完好齐备，螺丝刀、偏口钳等工具是否在有效期范围内，绝缘是否良好，试验设备二次压降仪（见图2-1-85）使用前应确认设备完好，电量充足，需满足现场检测要求，避免使用不合格工器具引起机械伤害。

图2-1-85 手持式载波二次压降仪

（4）检查确认试验外部条件。查看现场电能表至电压互感器端子箱的距离，确保放线安全。确保放线位置不出现潮湿、被车辆碾压的情况。

3. 现场开工

（1）办理工作票许可。告知用户或有关人员，说明工作内容。办理工作票许可手续，会同工作许可人检查现场的安全措施是否到位，防止因安全措施未落实引起人身伤害和设备损坏。涉及客户侧作业要执行供电方和客户方双许可制度。同一张工作票，工作票签发人、工作许可人与工作负责人不得互相兼任。

（2）检查并确认安全措施。高、低压设备应根据工作票所列安全要求，落实安全措施。工作负责人在作业前应要求工作票许可人当面验电，必要时工作负责人还可使用自带验电器（笔）重复验电（见图2-1-86）。在高、低压设备上工作，应至少由两人进行，并完成保证安全的组织措施和技术措施。工作人员应正确使用合格的安全工器具和个人劳动防护用品。在电气设备上作业时，应将未经验电的设备视为带电设备。严禁工作人员未履行工作许可手续擅自开启

131

电气设备柜门或操作电气设备，严禁在未采取任何监护措施和保护措施情况下现场作业。

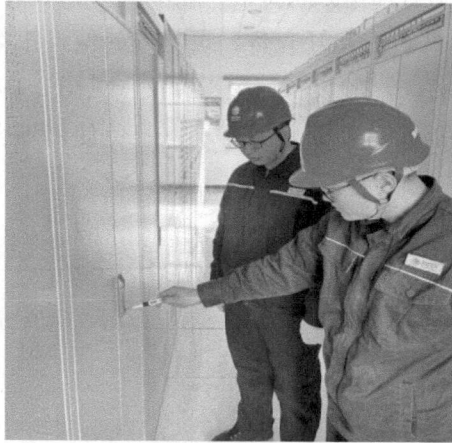

图 2-1-86　作业人员现场验电

（3）登高作业安全工作措施。如需要登高作业，应使用合格的登高用安全工具。登高使用绝缘梯时应设置专人监护，严禁在未采取任何监护措施和保护措施情况下登高作业。梯子应有防滑措施，使用单梯工作时，梯子与地面的斜角度为 60°左右。梯子不得绑接使用，人字梯应有限制开度的措施，人在梯子上时，禁止移动梯子。

（4）班前会。检查工作人员着装、工器具及精神状态，进行工作任务交底、安全交底、技术交底，提高现场安全意识，防止危险点未告知或分工不明确，引起人身伤害和设备损坏，如图 2-1-78 所示。

（5）计量装置资料核对。进行资料核对，检查作业现场电能计量装置是否与作业工单所列信息一致，防止误入其他带电间隔，造成人身伤亡。

4. 计量装置检查

（1）计量柜（屏）验电检查。使用验电笔（器）对计量柜（屏）、互感器端子箱金属裸露部分进行验电，并检查柜（屏）接地是否可靠。

（2）计量装置外观检查。检查电能计量柜（屏）观察窗是否清洁完好，各计量器具安装的环境条件是否符合要求，是否安全运行，检查电能计量柜（屏）封印是否完整。检查过程中应时刻保持与带电部位的安全距离，检查计量装置外观时如需要登高，应按照登高作业安全工作措施进行。

（3）计量装置运行状态检查。检查计量装置参数设置是否正确，是否存在过电流、超容、欠电压等安全隐患，避免作业过程中突发异常情况，如图 2-1-79 所示。

5. 二次压降测试

（1）测试设备准备。对测试线进行检查，确认绝缘良好，防止相间或相地短路，检查二次压降测试仪熔断保险是否正常可用，防止设备出现突发故障。

（2）接取工作电源。接取外接电源时，要先验电，并用万用表确认电源电压和电源类型无误，防止造成人身触电。接取临时电源时戴护目镜、手套，穿绝缘鞋。检查接入电源的线缆有无破损，连接是否可靠，检查电源盘漏电保护器工作是否正常。禁止将电源线直接钩挂在闸刀上或直接插入插座内使用。

（3）二次压降测试仪自校。注意避免短路，测试导线挂接要牢固，接线不能松动，注意避免短路危害人身安全。

（4）二次压降测试接线。接线时严禁电压互感器二次回路短路或接地。施放电缆时设专人监护，按测试仪说明书要求进行接线，小心电缆外皮破损，试验端子接线必须注意牢固可靠准确，不能因为接线错误引起安全隐患。高空放线时需用绳子牵引并防止导线大幅度摆动、误碰附近高压线路，如图 2-1-87 所示。

图 2-1-87 二次压降测试接线

（5）二次压降测试。在测试电缆经过的可能有人员或交通工具经过的通道附近，应设专人看护。户外作业时，应防止无关人员或交通工具误入测试区域内误碰测试电缆引发人身事故或设备损坏。

（6）数据判断。核对数据过程中应注意保持与带电体的安全距离。

（7）拆除测试线路。收线时应注意不要用力拖拽，小心电缆外皮破损，避免安全隐患，收线后关闭测试仪电源。

6. 二次负荷测试

（1）二次负荷测试前检查。使用验电笔对负荷测试仪金属部分验电。

（2）电流互感器二次负荷测试接线。接线时应特别注意不能使电流互感器二次回路开路。电流钳钳入端子排时，应从导线外侧钳入，并扶持牢固，且不能碰触电压测试导线，防止掉落。

（3）电流互感器二次负荷测试。测试时注意电流钳的摆放位置，不应有拉拽导线现象，造成电流二次回路开路。

（4）电压互感器二次负荷测试接线。测试电压互感器二次负荷时，测试中应避免二次回路短路或接地，电流钳（测试仪配置）测点须在取样电压测点的后方（远离互感器侧）。接线时应特别注意不能使电压互感器二次回路短路，防止铁芯出现大量剩磁造成设备损坏甚至人身伤亡。

（5）电压互感器二次负荷测试。检查电流钳、电压线夹的接触是否良好，避免相间短路造成安全隐患。

7. 收工

（1）清理恢复现场。加强监护，防止人身触电。防止工器具等遗失现场留下隐患。

（2）现场收工。安全有序离开现场。

（3）完成工作票终结手续。

8. 资料归档

二次回路现场检测工作结束后，将相关安全资料由专人妥善存放，并及时归档。

案例 13. 专用变压器采集终端（非 230M）更换 SIM 卡、通信模块、天线

【案例说明】 专用变压器采集终端（非 230M）更换 SIM 卡、通信模块、天线是电力营销现场作业中较为常见的工作，工作内容是检查终端是否正常上线，终端 SIM 卡、天线、上下行通信模块运行是否正常，针对异常作出处理和调试。本案例旨在展示终端更换 SIM 卡、通信模块、天线现场作业的安全管控措施和安全管控要求，为广大电力营销一线员工安全可靠地做好这项工作提供

参考和借鉴。案例适用于三相三线和三相四线专用变压器采集终端 SIM 卡、通信模块、天线更换作业。

【主要流程】 专用变压器采集终端更换 SIM 卡、通信模块、天线工作主要包括以下步骤：任务接受、工作前准备、现场开工、异常判定、故障处理、现场调试、收工、资料归档，流程图如图 2-1-88 所示。

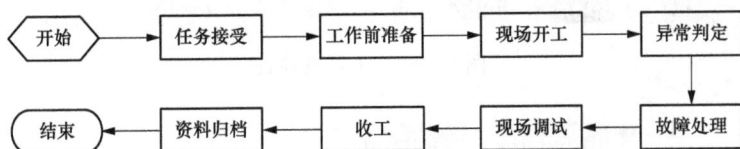

图 2-1-88 工作流程图

【步骤详述】

1. 任务接受

工作人员登录现场作业终端，在电力营销现场作业平台中关联工作任务，录入工作票相关信息（见图 2-1-36），明确风险点，并发送给签发人账号。使用系统时应妥善保管账号及密码，不得随意授予他人，禁止在管理信息内、外网之间交叉使用。计算机端应安装防病毒、桌面管理等安全防护软件。

2. 工作前准备

（1）办理工作票签发。依据工作任务，工作票签发人或工作负责人选择并填写相应的工作票，由工作票签发人签发。工作负责人和签发人检查工作票所列安全措施应正确完备，符合现场实际情况，防止因安全措施不到位引发人身伤害和设备损坏，如图 2-1-42 所示。

（2）准备和检查仪器设备、工器具。根据工作内容准备所需仪器设备、工器具，检查是否符合作业要求。仪器仪表、安全工器具应检验合格，并在有效期内。常用工具金属裸露部分应采取绝缘措施，并经检查合格。螺丝刀除刀口以外的金属裸露部分应用绝缘包裹措施，并经检查合格，如图 2-1-89 所示。

3. 现场开工

（1）办理工作票许可。工作负责人说明工作内容，办理工作票许可手续，形式为双许可，工作负责人会同工作许可人检查现场的安全措施是否到位，检查危险点预控措施是否落实，防止因安全措施落实不到位引起人身伤害和设备损坏，如图 2-1-90 所示。

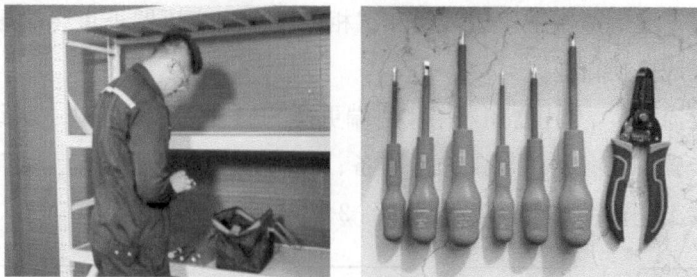

图 2-1-89　工器具检查

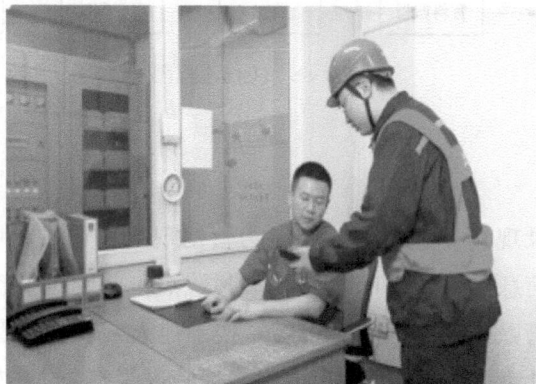

图 2-1-90　办理工作票许可

（2）检查并确认安全工作措施。工作负责人根据工作票所列安全要求，落实安全措施。工作负责人在作业前应要求工作人员当面验电，确认现场终端运行情况，无触碰带电部位的风险，尤其对于终端距离母排过近的，必须做好防护措施。应在作业现场装设临时遮栏，将作业点与邻近带电间隔或带电部位隔离，工作中应保持与带电设备的安全距离，以免触电，如图 2-1-91 所示。

（3）登高作业安全工作措施。排查终端通信故障时如需要登高作业，应使用合格的登高用安全工具。登高使用绝缘梯时应设置专人监护。使用前检查外观以及编号、检验合格标识，确认符合安全要求。梯子应有防滑措施，人在梯子上时，禁止移动梯子。在绝缘梯上工作时，传递工具和器材必须使用吊绳和圆桶袋，注意防止工具、物件掉落。

（4）班前会。工作负责人、专责监护人检查着装是否规范、个人防护用品是否合格齐备、人员精神状态是否良好；交代工作内容、人员分工、带电部位和现场安全措施，进行危险点告知，进行技术交流，并履行签字手续，防止危险点未告知引起人身伤害和设备损坏，如图 2-1-92 所示。

图 2-1-91　确认安全措施

图 2-1-92　召开班前会

4. 异常判定

（1）验电。使用验电笔（器）对计量柜（箱）、采集终端箱金属裸露部分进行验电，并检查柜（箱）接地是否可靠。在用户设备上作业时，必须将用户设备视为带电设备。

（2）核对信息。防止走错间隔，误触带电设备。在无法满足安全距离的情况下，严禁拍照。如需解除终端控制回路连接片，需防止开关误跳闸，以免造成电力营销服务事故。

（3）本地、远程通信故障检查判定。检查终端 SIM 卡、通信模块、天线是否正常运行，检查过程中应防止误碰带电物体和设备引起人身伤害和设备损坏。应使用绝缘挡板隔离带电体，防止短路或接地，造成营销服务事故，如图 2-1-93所示。

5. 故障处理

本地、远程通信故障处理。更换终端 SIM 卡、通信模块、天线时，应使用绝缘挡板对电源侧进行有效隔离，防止误碰电源回路发生故障短路或接地造成人身伤亡事故和设备事故。SIM 卡更换安装要注意采取防静电措施，模块更换

137

图 2-1-93　异常判定

应防止误碰带电物体，人身伤害和设备损坏。天线安装位置应在指向主中心站的方向无近距离阻挡，避开高低压进出线和人工调试操作的位置，如图 2-1-94～图 2-1-96 所示。

图 2-1-94　更换终端 SIM 卡　图 2-1-95　更换终端通信模块　图 2-1-96　更换终端天线

6. 现场调试

（1）终端测试。终端测试时，应验证数据采集准确无误，以免数据采集错误导致营销服务事故。跳闸测试前应同用户协商同意后，由其配合操作，以免造成营销服务事故，操作过程应按照营销安全规程终端调试规定进行。

图 2-1-97　现场调试

（2）装置加封。注意施封过程中与带电部分的安全距离，拍照应加强监护，拍照全过程中应戴好手套，严禁直接触碰裸露导体。无法满足安全距离的情况下，严禁拍照，如图 2-1-97 所示。

7. 收工

（1）清理现场。清扫整理作业现场应加强监护，防止触电，如图 2-1-98 所示。

（2）现场完工，办理工作票终结，如图 2-1-99 所示。

图 2-1-98 清理现场

图 2-1-99 办理工作终结

8. 资料归档

终端更换 SIM 卡、通信模块、天线工作结束后，将相关安全资料由专人妥善存放，并及时归档。

案例 14. 联合接线盒更换

【案例说明】 联合接线盒更换是电力营销现场作业中较为常见的工作，工作内容是对联合接线盒现场更换，送电后检查表计运行状态，安装计量封印。本案例旨在展示联合接线盒更换现场作业的安全管控措施和安全管控要求，为广大电力营销一线员工安全可靠地做好这项工作提供参考和借鉴。案例适用于三相三线和三相四线联合接线盒的现场更换作业。

【主要流程】 联合接线盒更换工作主要包括以下步骤：任务接受、现场勘查、工作前准备、现场开工、更换作业、收工、资料归档，流程图如图 2-1-100 所示。

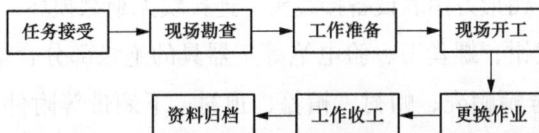

图 2-1-100 工作流程图

【步骤详述】

1. 任务接受

负责人根据现场工作任务单在安全风险管控监督平台录入计划（周计划、临时计划），采录标准参照安全风险管控监督平台相关文档，由审批人在系统内发布并公示，如图 2-1-101 所示。

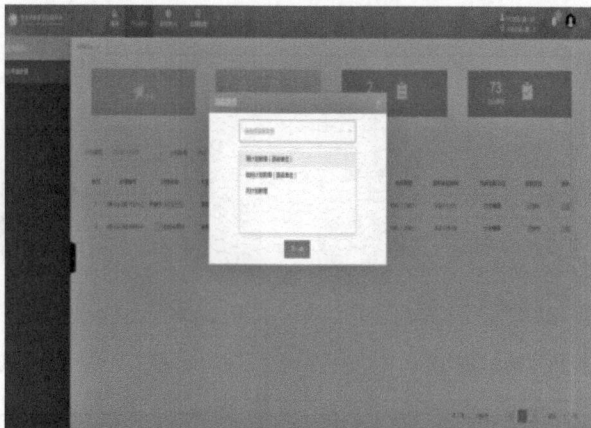

图 2-1-101　录入作业计划

2. 现场勘查

进入带电现场勘查，至少由两人进行，应严格执行工作监护制度。严禁工作人员未履行工作许可手续擅自开启电气设备柜门或操作电气设备，勘查过程中应始终与带电设备保持足够的安全距离，如图 2-1-54 所示。

3. 工作准备

（1）办理工作票签发。根据工作任务，工作票签发人或工作负责人选择并填写相应的工作票，由工作票签发人签发。负责人检查工作票所列安全措施应正确完备，符合现场实际情况，防止因安全措施不到位引发人身伤害和设备损坏，如图 2-1-42 所示。

（2）准备和检查仪器设备、工器具。工作班成员根据工作内容准备所需仪器设备、工器具，检查是否符合安全作业要求，如图 2-1-55 所示。

检查相序表、钳形万用表设备接线头、连接线无绝缘损坏，可正常开机使用。检查偏口钳、剥线钳、螺丝刀、验电笔等工器具的绝缘部分合格完好。如需高空作业则应检查安全帽帽壳、帽衬、帽箍、顶衬、下颏带等附件完好无损。脚扣、安全带可承载应力无损坏，避免使用不合格仪器、工器具而引起机械伤害。

4. 现场开工

（1）办理工作票许可。许可形式为双许可，工作负责人检查现场的安全措施是否到位，检查危险点预控措施是否落实，防止因安全措施落实不到位引起人身伤害和设备损坏。

（2）检查并确认安全工作措施。工作负责人应根据工作票所列安全要求，在高、低压设备上落实安全措施。涉及停电作业的应实施停电、验电、挂接地线、悬挂标示牌后方可工作。工作负责人应会同工作许可人确认停电范围、断开点、挂接地线或合上接地开关、标示牌正确无误。工作负责人在作业前应要求工作许可人当面验电；必要时工作负责人还可使用自带验电器（笔）重复验电。应在作业现场装设临时遮栏，将作业点与邻近带电间隔或带电部位隔离。工作中应保持与带电设备的安全距离，如图 2-1-56 所示。

（3）登高作业安全工作措施。如需登高作业，应使用合格的登高用安全工具，要求作业人员应使用脚扣或绝缘梯。使用脚扣时应系安全带，配工具袋。上下传递材料、工器具应使用绳索，禁止上下投掷，以免发生工器具高处坠落；使用绝缘梯时，应先进行试登，确认可靠后方可使用，绝缘梯应坚固完整，有防滑措施，支柱应能承受攀登时作业人员及所携带的工具、材料的总重量。有人员在梯子上工作时，梯子应有人扶持和监护，作业过程中应防止非作业人员造成的高空坠物，如图 2-1-48 所示。

（4）班前会。工作负责人、专责监护人检查着装是否规范、个人防护用品是否合格齐备、人员精神状态是否良好；交代工作内容、人员分工、带电部位和现场安全措施，进行危险点告知，进行技术交流，履行签字手续，如图 2-1-57 所示。

5. 更换作业

（1）断开电源并验电。采用三步验电法，证实验电笔（器）是否良好。核对作业间隔，使用验电笔（器）对计量柜（箱）、采集终端箱金属裸露部分进行验电，并检查柜（箱）接地是否可靠。确认电源进、出线方向，断开进、出线开关，且能观察到明显断开点。使用验电笔（器）再次进行验电，确认一次进出线等部位均无电压后，装设接地线。验电过程中严禁佩戴手套。

（2）核对信息。防止走错间隔，误碰带电设备，如图 2-1-58 所示。

（3）计量装置启封。对金属箱体接地检查并验电，防止设备外壳带电。

（4）拆除前准备。将联合接线盒内的电流端子短接，断开电压熔丝或连接片、零线连接片，依次为先电流后电压。防止拆除过程中接线盒带电造成安全隐患。

（5）联合接线盒拆除。先确认联合接线盒接线无电，拆除联合接线盒进、出线并进行绝缘包裹，防止漏电，做好标识。拆除联合接线盒固定螺钉时避免螺钉掉落，造成二次回路短路等安全隐患。

（6）联合接线盒安装。布线要求连接可靠、接触良好。导线应连接牢固，螺栓拧紧，导线金属裸露部分应全部插入接线端钮内，不得有外露、压皮现象。

图 2-1-102 联合接线盒更换作业

试验接线盒电流不准直通、电压不准短路、电压不可开路、电流不准开路、电流不可短路，如图 2-1-102 所示。

（7）安装检查。对联合接线盒安装质量和接线进行检查，确保试验接线盒内连接片位置正确，接线连接可靠、接触良好，螺栓拧紧，导线金属裸露部分应全部插入接线端钮内，不得有外露、压皮现象。电源回路接入时应防止短路或接地造成人身伤亡事故和设备事故。

（8）现场通电及检查。加强监护、检查，防止接线时压接不牢固、接线错误等安全隐患导致设备损坏。

（9）实施封印。注意施封过程中与带电部分的安全距离，如图 2-1-60 所示。

6. 工作收工

（1）清理现场。清扫整理作业现场应加强监护，防止触电，如图 2-1-103 所示。

图 2-1-103 清理现场

（2）现场完工，办理工作票终结。

7. 资料归档

联合接线盒更换工作结束后，将相关安全资料由专人妥善存放，并及时归档。

案例 15. 计量箱更换、安装

【案例说明】 计量箱更换、安装是电力营销现场作业中较为重要的工作，工作内容是安装、更换计量箱。本案例旨在展示低压计量箱现场更换安装作业的安全管控措施和安全管控要求，为广大电力营销一线员工安全可靠地做好这项工作提供参考和借鉴。案例适用于计量箱更换、安装作业。

【主要流程】 计量箱更换安装工作主要包括以下步骤：任务接受、现场勘查、工作前准备、现场开工、更换拆除、工作收工、资料归档，流程图如图 2-1-104 所示。

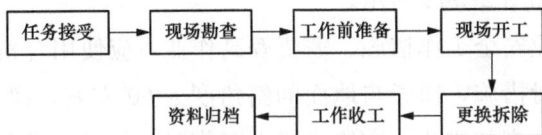

图 2-1-104　工作流程图

【步骤详述】

1. 任务接受

工作人员登录现场作业终端，进入营销现场作业平台，录入工作票相关信息，并发送给签发人账号。工作人员应妥善保管系统账号及密码，不得随意授予他人，禁止在管理信息内、外网之间交叉使用。计算机端应安装防病毒、桌面管理等安全防护软件，如图 2-1-9 所示。

2. 现场勘查

勘查过程中应始终与设备保持足够的安全距离。勘查时必须核实设备运行状态，严禁工作人员未履行工作许可手续擅自开启计量箱门或操作电气设备。查看现场作业条件、环境及危险点，并做好记录。因勘查工作需要开启计量箱门或操作电气设备时，应执行工作票制度，如图 2-1-10 所示。

3. 工作准备

（1）办理低压工作票。检查低压工作票所列安全措施应正确完备、符合现场实际情况，防止因安全措施不到位引起人身伤害和设备损坏，如图 2-1-42 所示。

（2）领取材料。核对计量箱、封印信息等，避免错领造成安全隐患。

（3）检查工器具。工作班成员选用合格的安全工器具，检查工器具是否完好、齐备。避免使用不合格工器具引起电气、机械伤害。

4. 现场开工

（1）办理低压工作票许可。工作负责人会同工作许可人检查现场的安全措施是否到位，检查危险点预控措施是否落实，防止因安全措施未落实引起人身伤害和设备损坏。一张低压工作票中，工作票签发人、工作许可人和工作负责人三者不得为同一人。

（2）检查并确认安全工作措施。工作人员应正确使用合格的安全绝缘工器具和个人劳动防护用品。工作负责人应根据工作票所列安全要求，落实安全措施。应会同工作许可人确认停电范围、断开电、防误合闸措施。工作负责人在作业前应要求工作许可人当面验电；必要时工作负责人还可使用自带验电器（笔）重复验电。必要时在作业现场装设临时遮栏，将作业点与邻近带电间隔或带电部位隔离，如图 2-1-12 所示。

（3）登高作业安全工作措施。需要登高作业，应使用合格的登高用安全工具。梯子应有防滑措施，梯子与地面的斜角度为 60°左右，梯子不得绑接使用，人字梯应有限制开度的措施，在绝缘梯上工作时，传递工具和器材必须使用吊绳和圆桶袋，注意防止工具、物件掉落。

（4）班前会。工作负责人、专责监护人检查着装是否规范、个人防护用品是否合格齐备、人员精神状态是否良好；交代工作内容、人员分工、带电部位和现场安全措施，进行危险点告知，进行技术交流，并在掌机中履行签字手续，如图 2-1-13 所示。

5. 更换拆除

（1）核对信息。核对作业间隔，防止误入其他作业间隔，造成触电。

（2）计量箱更换安装。计量箱安装位置应满足防火要求，不应直接安装于木板墙面，安装地点周边应无可燃物，户外安装计量箱还应采取防雨措施。

（3）安装电能表、互感器。根据计量装置安装规范进行电能表、互感器新装，各表位电气裸露部位应进行绝缘隔离处理，并拉开对应出线开关，防止意外触电。

（4）安装进户线和接户线。接线时应拆一接一，先接中性线后接相线，从左到右，接线过程中应正确使用安全工器具，作业时应注意与带电体保持一定的安全距离。

（5）通电检查。通电作业应使用绝缘工器具，设专责监护人。不断开负荷开关通电易引起设备损坏、人身伤害。使用相应电压等级、合格的验电器，验电前应在带电设备上对验电笔（器）进行测试，确保良好，无法在有电设备上进行验电时可用工频高压发生器等确证验电器良好。

（6）实施封印。拍照应加强监护，拍照全过程中应戴好手套，严禁直接触碰裸露导体；作业前核对设备名称和编号，要保持与带电设备足够的安全距离，无法满足安全距离的情况下，严禁拍照。

6. 工作收工

（1）清理现场。清扫整理作业现场应加强监护，防止触电。

（2）办理工作票终结。组织工作班成员安全有序离开现场并办理工作票终结手续。

7. 资料归档

工作结束后，将相关安全资料由专人妥善存放，并及时归档。

第二章 营 业 业 扩

案例 1. 高压业扩报装中间检查

【案例说明】 高压业扩报装中间检查是电力营销现场作业中较为常见的工作，工作内容是对受电工程涉及接地部分、暗敷管线等与电气安装质量密切相关且影响电网系统和客户安全用电，并对需要覆盖、掩盖的工程进行现场核查。本案例旨在展示高压业扩报装中间检查环节的安全管控措施和安全管控要求，为广大电力营销一线员工安全可靠地做好这项工作提供参考和借鉴。案例适用于高压业扩报装中间检查作业。

【主要流程】 高压业扩报装中间检查工作主要包括以下步骤：接受检查派工、现场勘查、检查前准备、工作开始、现场检查、工作终结、检查结果处理、资料归档，流程图如图 2-2-1 所示。

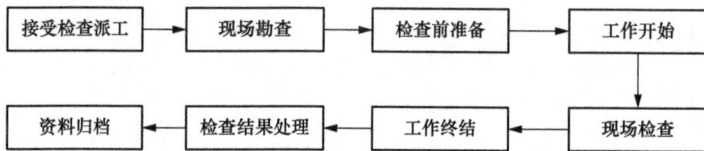

图 2-2-1　工作流程图

【步骤详述】

1. 接受检查派工

负责人根据业扩流程期限，在营销现场作业平台录入计划（周计划、临时计划），计划录入的信息包括：计划名称、计划类型、计划时间、工作地点、作业风险等级、作业风险信息、实施人员、工作票类型等（见图 2-2-2）。采录标准参照电力营销现场作业平台相关文档。发送至部门审批人账号，由审批人审核，计划确认无误后，审批人在系统内发布并公示。

2. 现场勘查

负责人认为有必要进行现场勘查时，提前联系客户，约定现场勘查时间。进入带电现场勘查，至少由两人进行，应严格执行工作监护制度。严禁工作人员未履行工作许可手续擅自开启电气设备柜门或操作电气设备，勘查过程中应始终与带电设备保持足够的安全距离。

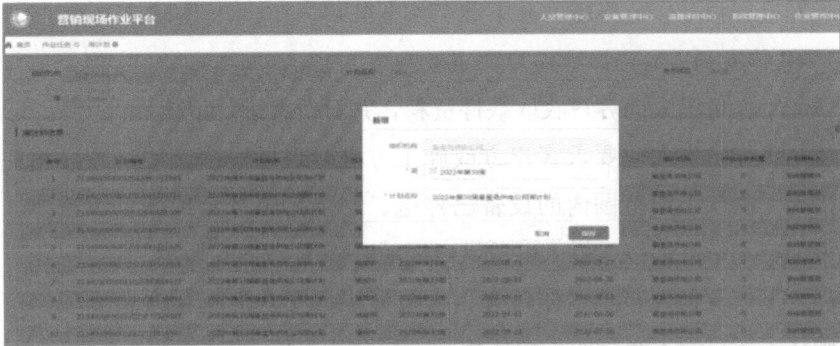

图 2-2-2 录入作业计划

3. 检查前准备

（1）准备检查单、工作票（作业卡）。打印或填写客户受电工程中间检查意见单、客户受电工程中间检查作业卡、现场作业工作卡。

（2）办理工作票签发。工作负责人依据工作任务填写工作票（或现场作业工作卡，见图 2-2-3），工作表签发人办理工作票签发手续，上传至营销现场作业平台。工作负责人和签发人检查工作票所列安全措施应正确完备，符合现场实际情况，防止因安全措施不到位引发人身伤害和设备损坏。

图 2-2-3 工作票签发

（3）检查移动作业终端，并下载工作任务单。

4. 工作开始

（1）工作负责人向客户收取缺件资料，并对资料进行审核。

（2）工作负责人应要求客户方或施工方进行现场安全交底，做好相关安全技术措施，确认工作范围内的设备已停电、安全措施符合现场工作需要，明确设备带电与不带电部位、施工电源供电区域，如图 2-1-90 所示。

（3）工作负责人布置工作任务、人员分工、安全措施和注意事项。工作班成员确认工作负责人布置的工作任务、人员分工、安全措施和注意事项并签名，如图 2-2-4 所示。

图 2-2-4　采取安全措施

5. 现场检查

（1）对隐蔽工程实施检查时，应对高空落物、地面孔（洞）及锐物等危险点防护到位。进入现场施工区域，必须穿工作服、戴安全帽，携带必要照明器材；需攀登梯子时，要落实防坠落措施，并在有效的监护下进行；注意观察现场孔（洞）及锐物，人员相互提醒，防止踏空、扎伤；不得在高空落物区通行或逗留。

（2）防止误入高压试验等施工作业危险区域。要求客户（或客户业扩工程施工单位）在危险区域按规定设置警示围栏；检查人员不得擅自进入试验现场设置的警示围栏内。

（3）中间检查工作至少两人共同进行，要求客户方或施工方进行现场安全交底，做好相关安全技术措施，确认工作范围内的设备已停电，安全措施符合现场工作需要，明确设备带电与不带电部位、施工电源供电区域。应注意现场警示标识，掌握带电设备的位置，与带电设备保持足够安全距离，注意不要误碰、误动、误登运行设备；不得进行与中间检查无关的工作。

（4）禁止乱扔烟蒂引发责任性火灾。检查人员严禁在禁烟区吸烟；发现其他人员吸烟的，应予以当场制止。

6. 工作终结

（1）工作负责人确认所有中间检查项目已完成。

（2）工作负责人（客户经理）确认工作班人员已全部撤离，现场已清理完毕，如图 2-2-5 所示。

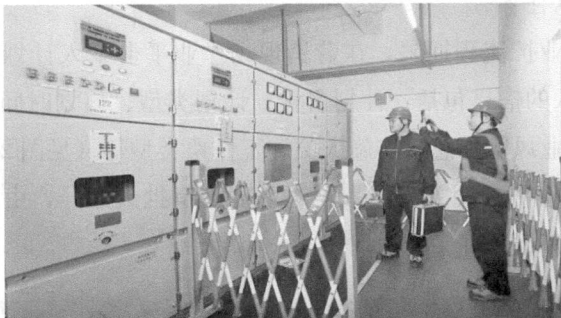

图 2-2-5　工作票终结

7. 检查结果处理

工作负责人应完成对所有参加现场检查人员的意见收集和汇总工作，并填写检查意见。

8. 资料归档

工作结束后，客户受电工程中间检查意见单、客户受电工程中间检查作业卡、第一种工作票、第二种工作票（现场作业工作卡）以及现场补收的缺件资料应由专人妥善存放，并及时归档。

案例 2. 高压业扩报装送电

【**案例说明**】　高压业扩报装送电是电力营销现场作业中较为常见的工作，工作内容是现场核查用户待送电设备情况，核查完毕后送电。本案例旨在展示高压业扩报装送电作业的安全管控措施和安全管控要求，为广大电力营销一线员工安全可靠地做好这项工作提供参考和借鉴。案例适用于高压业扩报装送电作业。

【**主要流程**】　高压业扩报装送电工作主要包括以下步骤：接受送电任务、现场勘查、送电前准备、工作开始、现场送电、工作终结、送电结果处理、资料归档，流程图如图 2-2-6 所示。

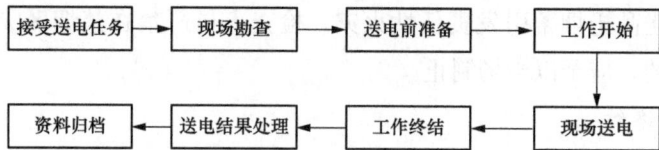

图 2-2-6　工作流程图

【步骤详述】

1. 接受送电任务

负责人根据业扩流程期限，在营销现场作业平台录入计划（周计划、临时计划），计划录入的信息包括：计划名称、计划类型、计划时间、工作地点、作业风险等级、作业风险信息、实施人员、工作票类型等（见图 2-2-7），采录标准参照营销现场作业平台相关文档。发送至部门审批人账号，由审批人审核，计划确认无误后，审批人在系统内发布并公示。

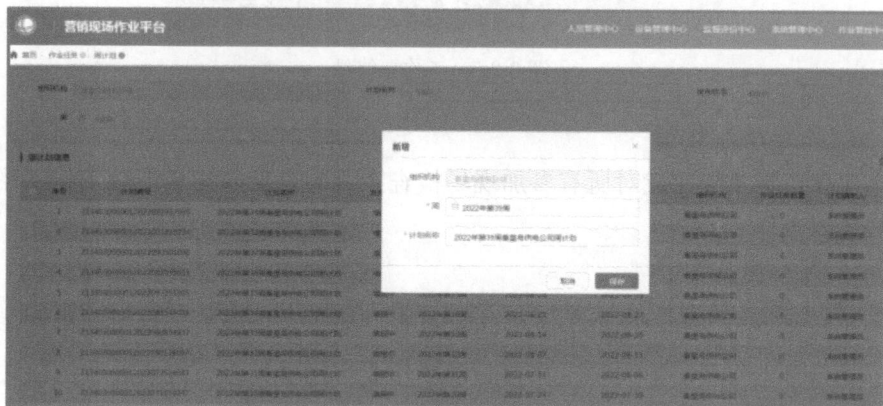

图 2-2-7　录入作业计划

2. 现场勘查

负责人认为有必要进行现场勘查时，提前联系客户，约定现场勘查时间。进入带电现场勘查，至少由两人进行，应严格执行工作监护制度。严禁工作人员未履行工作许可手续擅自开启电气设备柜门或操作电气设备，勘查过程中应始终与带电设备保持足够的安全距离。

3. 送电前准备

（1）资料查验。应根据接受的送电任务核查客户所有资料的完整性。若有问题应准备收资清单，检查实施送电的必备条件是否全部符合。

（2）准备图纸、检验单、作业卡。打印或填写新装（增容）送电单，根据工作需要，打印或填写现场作业工作卡或配电第一种工作票，如图 2-2-8 所示。

图 2-2-8　工作票签发

（3）检查移动作业终端，并下载工作任务单。

4．工作开始

（1）确定送电作业涉及供、用双方相关人员是否全部到场，人员的精神状态是否满足送电的要求，涉及送电作业的各种器具是否齐全。

（2）核实接电工作已完成，与运检、调度人员确认进线电源工作状态。

（3）工作负责人布置工作任务、人员分工、安全措施和注意事项。

（4）要求客户方或施工方进行现场安全交底（见图 2-2-4），做好相关安全技术措施（见图 2-2-5），确认工作范围内的设备已停电、安全措施符合现场工作需要，明确设备带电与不带电部位、施工电源供电区域，不得随意触碰、操作现场设备，防止触电伤害。

5．现场送电

（1）待送电设备检查，包括：①核查电能计量装置的封印等是否齐全；②检查一次设备是否正确连接，送电现场是否工完、料尽、场清；③检查所有保护设备是否投入正常运行，直流系统运行是否正常；④检查现场送电前的安全措施是否完全到位，所有接地线已拆除；⑤所有无关人员已离开作业现场；⑥检查客户自备应急电源与电网电源之间的切换装置和连锁装置是否可靠。

（2）调度协议客户，按要求核实通信通道是否正常。

（3）送电现场应清理到位，解除安全措施，包括：送电前应先对临时电源进行销户并拆除与供电电源点的一次连接线，认真检查设备状况，有无遗漏安全措施未拆除，确保现场检查到位。

（4）工作负责人（客户经理）应完成对所有设备检查人员的意见收集和汇总，明确是否具备送电现场条件。若具备送电现场条件，确认所有人员已经撤离工作现场，待送电设备状态与投运前要求一致，指导客户电气人员按照投运方案实施现场的送电操作；若不具备送电现场条件，协调客户、施工单位开展现场整改，直至再次确认符合送电现场条件，方可开展送电工作。

（5）送电后检查。全面检查一次设备的运行状况；核对一次相位、相序；检查电能计量装置、现场服务终端，运转、通信是否正常，相序是否正确。

6. 工作终结

（1）工作负责人应确认送电已完成并检查正常，所有工作人员已撤离现场。

（2）指导客户电气人员落实对已送电变电站、配电房的安全措施，如图 2-2-6 所示。

7. 送电结果处理

（1）按照"新装（增容）送电单"格式记录送电人员、送电时间、变压器启用时间及相关情况。

（2）将填写好的"新装（增容）送电单"交与客户签字确认，并告知客户后续用电安全注意事项。

（3）录入营销业务应用系统：完成高压客户现场拍照上传，根据实际的送电时间，在系统内填写好变压器的实际投运时间，并将流程从送电环节发出。

8. 资料归档

工作结束后，新装（增容）送电单、现场作业工作卡或配电第一种工作票以及现场补收的缺件资料应由专人妥善存放，并及时归档。

第三章 用 电 检 查

案例 1. 客户用电安全检查

【案例说明】 客户用电安全检查工作是营销现场作业中较为常见的工作，工作内容是对用户进行用电安全检查，包括用户执行有关电力法规政策情况、电气设备运行状况等。本案例旨在展示客户用电安全检查现场作业的安全管控措施和安全管控要求，为广大营销一线员工安全可靠地做好这项工作提供参考和借鉴。案例适用于高、低压客户用电安全检查。

【主要流程】 以高压用户安全检查为例，主要包括以下步骤：制订计划、计划审批、现场检查、下达通知、用户签字、监督整改、总结、归档，流程图如图 2-3-1 所示。

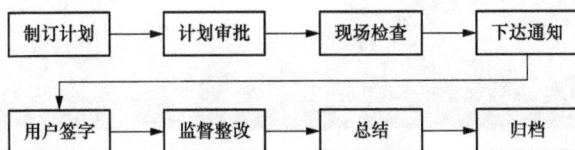

图 2-3-1 工作流程图

【步骤详述】

1. 制定用电检查计划

（1）用电检查计划制订原则。负责人根据客户的用电负荷性质、电压等级、用电容量、服务要求等情况，确定客户的检查周期，编制周期检查的年度计划、月度计划，形成最终的周期检查计划。

（2）营销业务应用系统派工。按照专项检查工作要求，由用电检查班长通过营销业务应用系统制订专项检查计划。工作负责人核对工作单和营销业务应用系统中工作流程里的用户信息，确认无误后选择派工，如图 2-3-2 所示。

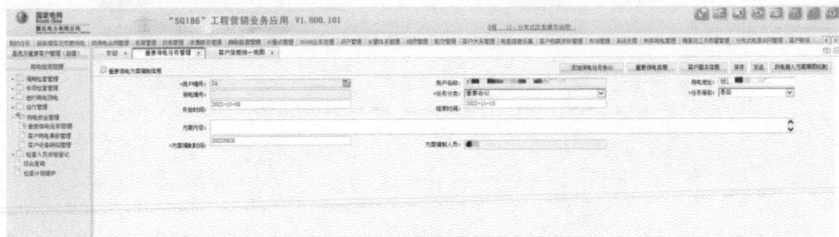

图 2-3-2 营销业务应用系统派工

2. 计划审批

（1）营销业务应用系统计划审批。根据专项检查工作的要求，制订一段时间内的专项检查计划。通过营销业务应用系统审批后，形成最终的专项检查计划。

（2）营销现场作业平台审批。负责人根据检查计划作业流程期限在营销现场作业平台录入或关联营销业务系统制订的专项检查计划。计划录入或接收营销业务系统关联计划审核无误后，发送至部门审批人账号，由审批人审核，计划确认无误后，由审批人在系统内发布并公示，如图 2-3-3 所示。

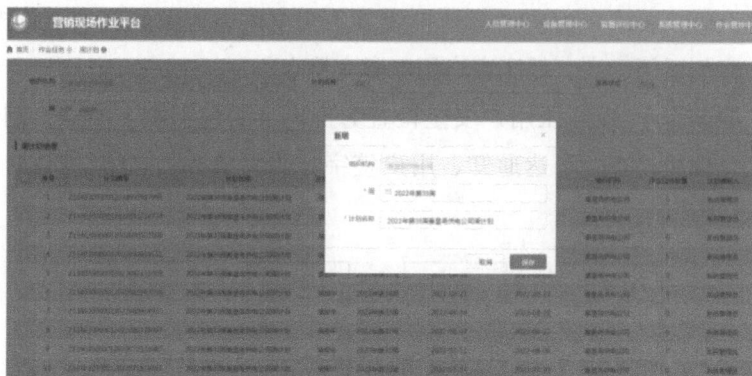

图 2-3-3　录入作业计划

3. 现场检查

（1）工作准备。

1）查看任务。用电检查员应通过营销现场作业平台终端查看当月巡检任务工单（见图 2-3-4），认真、正确准备必要的资料及工器具，确保工器具使用正常，现场检查前提前查询了解客户基本信息以及必要技术资料。

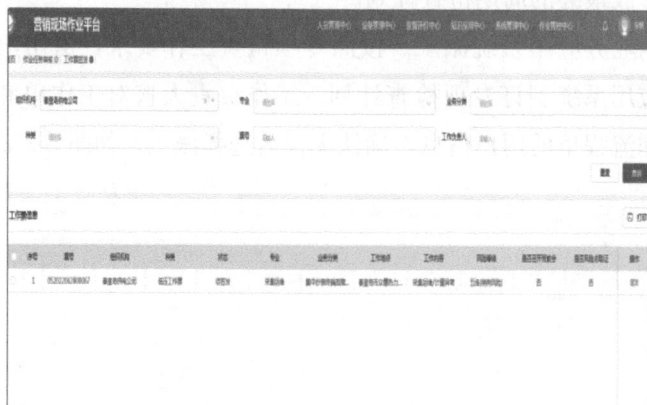

图 2-3-4　现场作业工作卡签发

2）领取材料。工作负责人凭系统生成的用电检查工单领取所需执法记录仪、照相机、安全工器具、仪器仪表等所需的工器具，工作班成员选用合格的安全工器具，检查工器具是否完好、齐备，如图 2-3-5 所示。

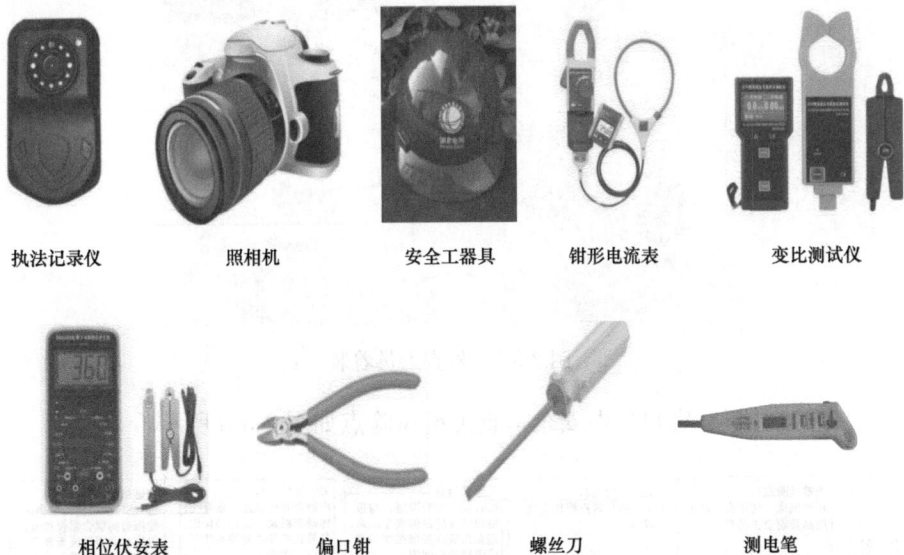

| 执法记录仪 | 照相机 | 安全工器具 | 钳形电流表 | 变比测试仪 |

| 相位伏安表 | 偏口钳 | 螺丝刀 | 测电笔 |

图 2-3-5　检查人员工器具

3）准备工单。现场检查前，检查人员应准备现场填写的工作单，包括用电检查工作单、用电检查结果通知书、客户受电装置及运行管理缺陷通知单、电费交纳通知单等，如图 2-3-6 所示。

| 用电检查工作单 | 用电检查结果通知书 | 电费交纳通知单 |

图 2-3-6　现场工作单

4）现场着装。现场检查前，检查人员应严格按照现场作业安全规范要求，做好必要的人身防护和安全措施，穿工作服、戴安全帽、穿绝缘鞋，如图 2-3-7 所示。

图 2-3-7　检查人员着装

5）风险分析。客户用电安全检查关键风险点如图 2-3-8 所示。

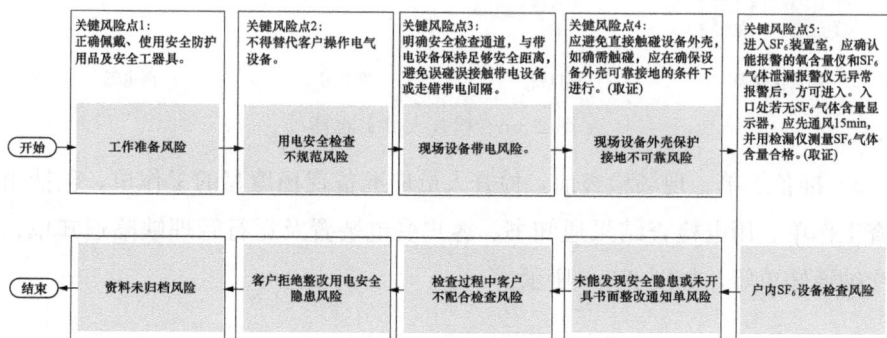

图 2-3-8　客户用电安全检查关键风险点

（2）现场检查。

1）出示证件。现场检查前要提前联系客户，约定现场勘查时间。现场检查时，检查人数不得少于两人，检查时应主动出示证件，如图 2-3-9 所示。

2）协助检查。请客户协助检查或第三方在场，现场检查应由客户随同配合检查，对于客户不愿配合检查的，应邀请公证、物业或无利益关系第三方等见证现场检查。客户不允许检查工作人员进入。检查工作人员应首先主动向被检查客户出示工作证。对不配合检查的客户，必要时可以随带当地街道办事处等政府工作人员共同检查。

3）填写票卡。根据《营销现场作业安全工作规程》要求，客户侧现场作业应执行"双许可"制度，用电检查工作应填用现场作业工作卡。

"您好，我是××供电公司工作人员，来您这边进行××工作，这是我的证件。"

图 2-3-9　出示证件

4）现场检测。检查客户线路及用电设备时，检查工作人员进入以上现场检查作业，应先充分了解并核准现场线路及设备运行情况及是否存在遭遇动物攻击等风险点。检查人员应避免直接触碰设备外壳，如确需触碰，应在确保设备外壳可靠接地的条件下进行。现场进行检查测试时，应实行工作监护制度，确保人身与设备安全。现场检查计量柜等带电设备时，应正确穿戴齐全且合格的劳动防护用品，检查高压带电设备时，不得强行打开闭锁装置，如图 2-3-10 所示。

图 2-3-10　用电设备检测

5）SF_6 检查。若检查的设备存在有害气体泄漏对检查工作人员造成伤害的隐患，检查人员要确认能报警的氧含量仪和 SF_6 气体泄漏报警仪无异常报警后，方可进入。入口处若无 SF_6 气体含量显示器，应先通风 15min，并用检漏仪测量 SF_6 气体含量合格。

6）沟井检查。通道内有枯井、沟坎时检查。检查工作人员进入以上现场检查作业，应充分了解现场情况，配备足够的照明用具及防护设备，确保安全，如图 2-3-11 所示。

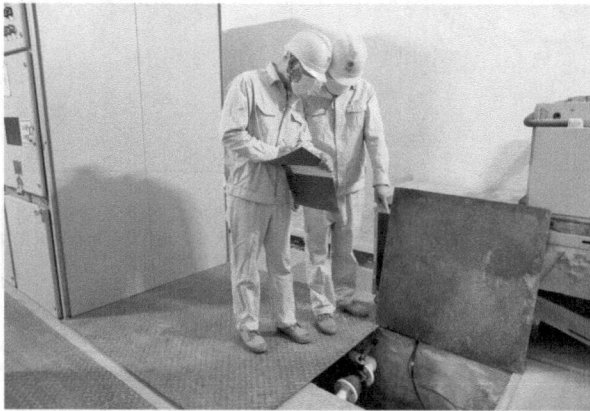

图 2-3-11 电缆沟检查

7）带电检查。现场设备带电、交叉跨越、同杆架设等检查。检查工作人员进入以上现场检查作业，应先充分了解并核准现场设备运行情况及风险点，明确安全检查通道，与带电设备保持足够安全距离，并采取有效防护措施，避免误碰误接触带电设备或走错带电间隔。检查高压带电设备时，不得强行打开闭锁装置，如图 2-3-12 所示。

图 2-3-12 变电设备检查

8）工单填写。现场检查若不存在安全隐患，则填写各种检查表（工单）后，直接进入流程的总结环节。现场检查发现安全隐患时，应通过移动作业终端（营销现场作业终端）按照规定步骤逐项核查客户各类信息与现场是否相符。检查结束，需通过移动作业终端对计量装置、暂停变压器封印情况进行现场拍照存档，通过移动作业终端（营销现场作业终端）拍照，最后完成上装流程，如图 2-3-13 所示。

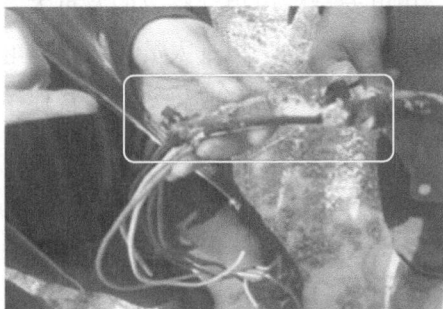

图 2-3-13　移动作业终端拍摄现场隐患照片

4. 用电检查结果通知书

对客户存在的缺陷和问题应具体、清晰的以《用电检查结果通知书》书面提出整改意见和措施，填写应标准、规范，如图 2-3-14 所示。

图 2-3-14　向客户说明存在的缺陷

5. 用户签字

客户需在《用电检查结果通知书》上签字，应让客户清楚明确存在的缺陷和问题，还要让客户明白整改的要求和标准及整改时限。客户拒绝或推脱签字确认，存在检查结果无效的风险。检查人员应充分与客户沟通，可采取录像或录音等方式记录，也可以采取函件、挂号信等送达方式，规避客户不配合情况，如图 2-3-15 所示。

图 2-3-15　客户在通知书上签字

6. 监督整改

根据《用电检查结果通知书》上要求的整改标

准及时限，用电检查人员需按标准及时限监督及督促客户进行整改。客户对用电安全检查时告知的、用电安全隐患拒绝整改的及重大隐患，客户不实施隐患整改并危及电网或公共用电安全的，检查人员应向当地电力主管等相关政府部门落实报备工作要求，并发放《限期整改告知书》督促整改工作，拒不整改的发放《中止供电通知书》，并按规定审核、实施，如图 2-3-16 所示。

图 2-3-16   指导督促客户整改

7. 总结

对于重大隐患，客户不实施隐患整改并危及电网或公共用电安全的，应落实"四到位"工作要求，书面报告当地政府电力、安全生产等相关主管部门。

8. 归档

将客户签字的《用电检查结果通知书》以及其他纸质档案及时存入客户档案资料中，相关视频、照片、录音等电子资料信息统一信息化存档。重要客户应按照一户一档的要求实施集中化、电子化管理，并将移动作业终端（营销现场作业终端）巡检流程归档，营销业务系统巡检流程归档。

案例 2. 反窃查违

【案例说明】 反窃查违是电力营销现场作业中较为常见的工作，工作内容是依托信息系统做好异常数据的筛选分析，发现窃电违约线索，针对线损、表计、电量等异常数据排查可疑用户，及时查处窃电和违约用电行为。本案例旨在展示反窃查违现场作业的安全管控措施和安全管控要求，为广大电力营销一线员工安全可靠地做好这项工作提供参考和借鉴。案例适用于高、低压客户的反窃查违。

【主要流程】 以反窃电工作为例，主要包括以下步骤：线索归集、工单派发、现场检查、违窃处理，流程图如图 2-3-17 所示。

```
线索收集 → 工单派发 → 现场检查 → 违窃处理
```

图 2-3-17　工作流程图

【步骤详述】

1. 线索归集

通过反窃电监控系统收集展示模型预警、用电检查现场发现、95598 举报、外部转派、其他专业移交、专项任务和其他来源的线索，并根据用户的电量波动、电能表开盖、失压、失流等异常数据信息进行线索归集，如图 2-3-18 所示。

图 2-3-18　工作任务来源示意图

2. 工单派发

通过反窃电监控系统生成的用户工单，统一在采集运维闭环管理模块进行派工。派工完成后，可通过反窃电移动作业 App 录入现场检查结果，或通过反窃电系统录入现场检查结果。

3. 现场检查

（1）制订方案。制订现场检查方案，主要包括：检查时间、检查方式、检查重点等；涉及重大窃电案件或存在群体性突发事件风险的，根据实际情况联系公安机关等政府相关机构，协调联合检查事宜。

（2）工作准备。

1）系统联动。由反窃电监控系统生成的用户工单，根据已掌握的违约用电、窃电等用电异常信息，进行现场调查取证环节，通过营销现场作业平台录入计划或反窃电监控系统关联工单，并在系统内发布，如图 2-3-19 所示。

图 2-3-19　录入作业计划

2）准备工单。现场检查前，检查人员应打印现场填写的工作单，包括用电检查工作单、用电检查结果通知书、电费交纳通知单等，如图 2-3-6 所示。

3）现场着装。现场检查前，检查人员应严格按照现场作业安全规范要求，做好必要的人身防护和安全措施，穿工作服、戴安全帽、穿绝缘鞋，如图 2-3-7 所示。

4）领取工具。根据工作内容和现场检查方案（必要时）选择现场工器具、取证用具。工作负责人凭用电检查工作单领取所需执法记录仪、照相机、安全工器具、仪器仪表等所需的工器具。工作班成员选用合格的安全工器具，检查工器具是否完好、齐备，如图 2-3-5 所示。

（3）现场检查。

1）全程录像。两名及以上工作人员，至少配备两台音视频记录仪，全程记录现场检查过程及取证过程。涉及电话录音取证的，明确告知当事人正在录音取证。

2）邀约见证。开展现场检查前出示工作证，通知用户见证检查过程，必要时邀约公安、物业管理等第三方人员全程协同见证检查过程。现场检查时，用户不在现场或拒绝配合的，须邀约第三方见证人协同见证检查过程，如图 2-3-20 所示。

3）核对信息。核对检查对象，包括检查对象用户名称、用电地址、电能表号等是否正确；根据工作票或现场作业工作卡所列安全要求，落实安全措施。

4）检查检测。① 外观检查。检查人员重点检查是否在供电企业的供电设施上擅自接线用电；是否存在不明供电电线、电缆；加封电力设备的封条（封印）是否完好，已封存设备是否在用电；用电性质与执行电价是否匹配；用户变压器铭牌额定容量与合同容量是否一致；电能表外观是否存在破损、灼烧现象；

计量箱（柜）、电能表、试验接线盒封印是否缺失，外观是否完好；电能表检定
合格证是否完好，有无脱胶、粘贴位置异常等，如图 2-3-21 所示。

图 2-3-20　联系用户

图 2-3-21　用户用电设备检查

外观检查时检查人员的安全预防措施为：检查人员进入检查区域前，应对
四周环境进行查看，预防狗、蛇、虫叮咬，必要时备棍棒，防狗、蛇伤人，远
离马蜂窝。检查用电设备时，避免直接触碰设备外壳，如确需触碰，应在确保
设备外壳可靠接地的条件下进行。检查变电设备时，要认真核对工作设备的双
重名称正确，工作前要进行电气指示和机械指示双确认；严格执行验电流程，
避免误碰误接触带电设备或走错带电间隔。

② 仪器检测。用低压验电笔或万用表测试电能表相线、中性线接入情况，
判断接线是否正确，是否存在借零窃电现象；用钳形万用表测量计量装置各位
置电流、电压等参数，对比各位置测量值与电能表显示值是否一致，判断是否
存在失压、失流等现象；用相位伏安表、用电检查仪或电能表校验仪测量各元
件电压与电压、电压与电流之间的相位角，判断是否存在移相、功率因数异常
等现象；用变压器容量测试仪测量变压器的负载损耗、阻抗电压、容量等参数，

判断测试参数与铭牌、系统及档案资料是否一致；用电缆路径探测仪探测电缆走向，判断是否存在私自敷设电缆窃电的现象。结合计算法、瓦秒法、测试法判断是否存在窃电现象等，如图 2-3-22、图 2-3-23 所示。

图 2-3-22　万用表测量电压

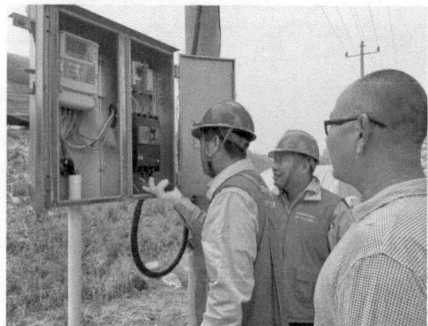

图 2-3-23　电流表测量电流

仪器检测时检查人员的安全预防措施为：现场进行检查测试时，应实行工作监护制度，确保人身与设备安全。检测线路及导线时，工作中使用的工具，其外裸的导电部位应采取绝缘措施，防止操作时相间或相对地短路。低压带电检查作业时，工作人员穿绝缘鞋和全棉长袖工作服，并戴手套、安全帽和护目镜，站在干燥的绝缘物上进行；带电检测时要做好防止相间短路产生弧光的措施；工作前确认接地保护范围，作业人员禁止擅自移动或拆除接地线，防止突然来电或感应电，接触或测试设备前先验电；测试变压器容量前后，要充分放电；明确安全检查通道，与带电设备保持安全距离；带电检测时，严禁二次电压回路短路、二次电流回路开路。高处作业时，应按规定系好安全带；注意观察作业环境，避免在危险环境作业；上下传递物件、工具、材料等，用传递绳传递，不准抛掷；高处有人工作时，有专人监护，下面不得站人。使用梯子，梯子应坚固完整，有防滑措施，使用前，应先进行试登，确认可靠后方可使用。有人员在梯子上工作时，梯子应有人扶持和监护。

（4）物证提取。检查完成后立即提取、固化重要物证。重要物证包括被故意损坏或改动的计量装置、专用窃电设备、违规搭接的线缆等，如图 2-3-24 所示。

物证提取时检查人员的安全预防措施为：现场检查时，应有两名及以上工作人员，并履行派工手续。至少配备两台音视频记录仪，确保取证过程全程记录，涉及录音电话取证的，须明确告知当事人。证物在移交技术鉴定机构或第三方（含公安机关）保管、处理或依法应当返还时，可拍摄或制作足以反映原物外形或者内容的照片、录像，防止物证灭失或被人为破坏造成证据效力下降，如图 2-3-25 所示。

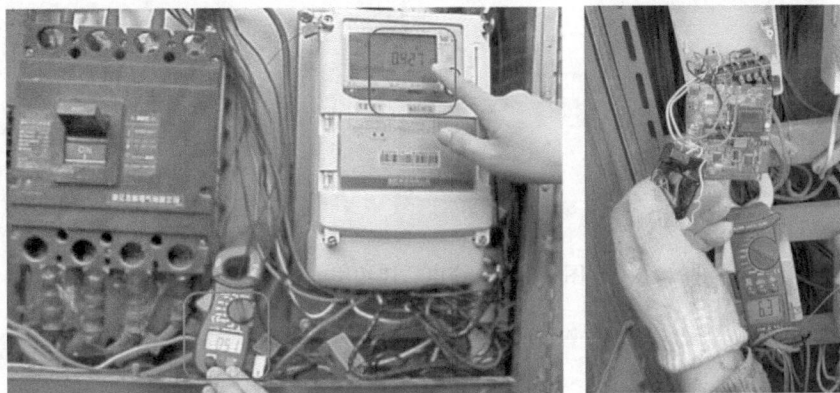

图 2-3-24 现场拍照取证

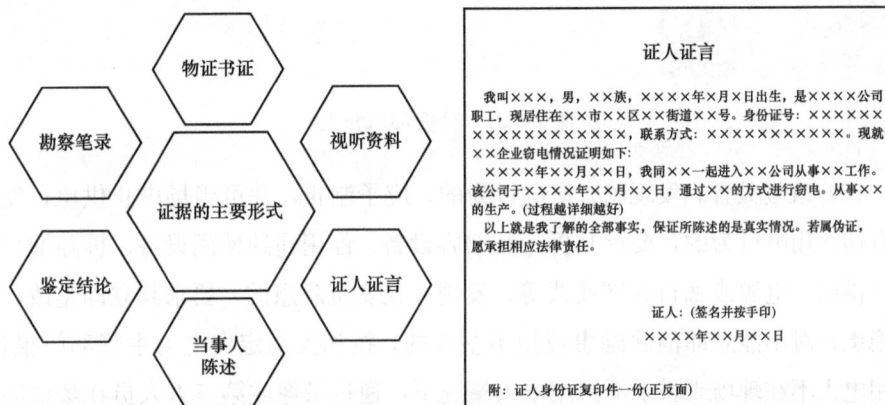

图 2-3-25 现场取证形式

（5）结果告知。根据检查结果如实填写《用电检查结果通知书》，当场告知用电人用电检查结果以及配合后续调查处理的相关事宜后，由用电人进行签收，用电人拒绝签收的，在签收栏注明何人、何时拒绝签收，并同步录音（像），如图 2-3-26 所示。

结果告知时检查人员的安全预防措施为：现场发现用户有抵制或破坏迹象时，检查人员积极主动沟通，缓解用户情绪，化解矛盾和冲突；发现用户有异常或过激行为时，启动现场应急处置预案，做好保护人员和防范物证破坏的措施，阻止暴力、攻击、伤害检查人员，并及时向上级汇报或现场报警，如图 2-3-27 所示。

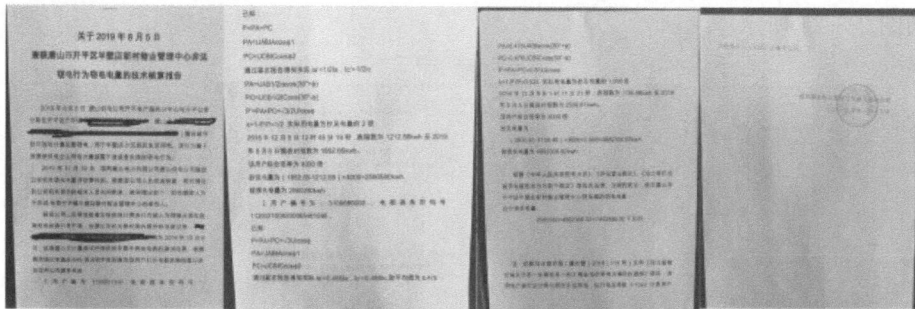

图 2-3-26 窃电、违约用电报告

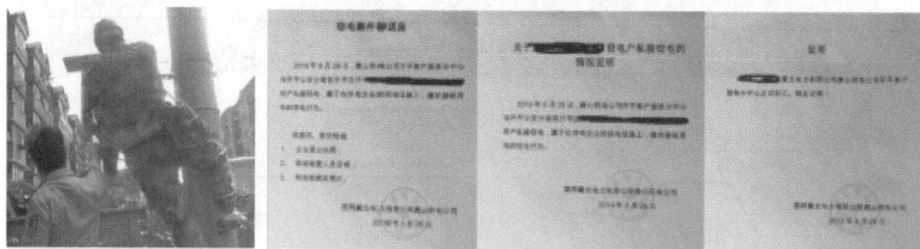

图 2-3-27 公安部门介入

（6）现场处置。发现确有窃电行为的，应予制止，并可当场中止供电；发现确有违约用电行为的，要求其拆除私增容设备、停用违约使用设备、拆除擅自引入（供出）电源或私自并网接线等；发现存在安全隐患的，要求其立即整改，消除隐患；对不能立即消除隐患或拒不整改的，按相关规定向电力主管部门报告；如用电人不在现场或联系不到用电人情况下，通过录像或第三方人员在场证明等方式中止供电；涉及现场中止供电的，及时向 95598 报备，如图 2-3-28 所示。

图 2-3-28 当场中止供电

现场处置时检查人员的安全预防措施为：根据现场情况适时联系公安机关介入。涉及金额较大或影响恶劣的窃电、违约用电案件，可上报公安机关，配合进入司法程序处理。双方对窃电、违约用电结果存在争议的，须对拆除的计量装置、变压器等进行联合封存并确定保管方式，送至技术鉴定机构鉴定，如图 2-3-29 所示。

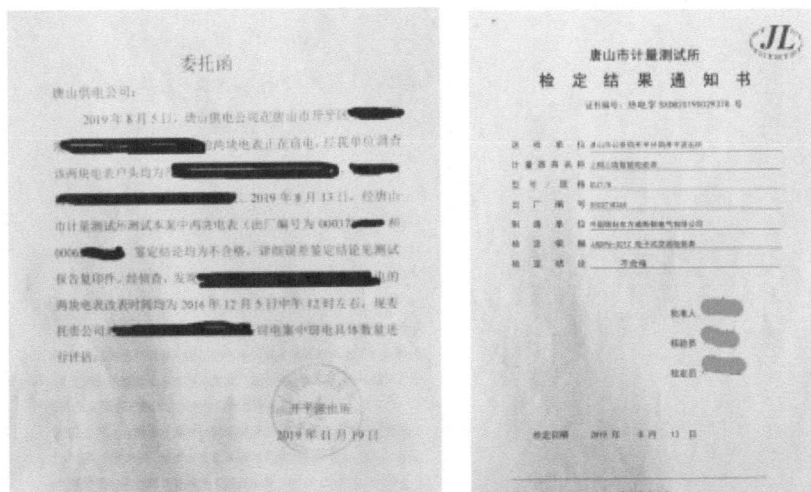

图 2-3-29 委托函及技术鉴定机构证据

4. 违窃处理

（1）电费追收。根据现场核查结果及系统数据，确定窃电、违约用电起止时间。根据计量误差、设备容量或其他方法计算追补电量、追补电费、违约使用电费，形成追补电费、违约使用电费，并及时收取追补电费，违约使用电费。确认结清费用后，进行现场复电。

（2）资料归档。归档内容包括：现场检查记录、审批记录、用户签收记录等业务流程资料。现场照片、影音资料等证据材料。拆回的电能表、互感器、实施窃电或违约用电的工具等物证。